KB268902

반품
하고 싶은
직원
리모델링
하고 싶은
상사

저자 함선희, 이명노, 공수정, 이은실, 심소연
교육문의 〈두드림컨설팅〉 070-7868-9611
www.do-dream.kr
3193913@hanmail.net

초판 인쇄일 2012년 1월 13일
초판 발행일 2012년 1월 20일

지은이 함선희, 이명노, 공수정, 이은실, 심소연
발행인 박정모
등록번호 제9-295호
발행처 도서출판 혜지원
주소 (130-844) 서울시 동대문구 장안 1동 420-3호
전화 02)2212-1227, 2217-4686 **팩스** 02)2247-1227
홈페이지 www.hyejiwon.co.kr

편집진행 박세란, 송유선
본문디자인 박혜경
표지디자인 · 일러스트 안홍준
영업마케팅 김남권, 황대일, 서지영
ISBN 978-89-8379-707-0
정가 13,000원

반품 하고 싶은 직원

리모델링 하고 싶은 상사

혜지견

머리말

좋은 만남은 인생에 있어서 최고의 선물이다.

"성공하는 데 전문적인 지식이나 기술은 15%밖에 영향을 주지 않았으며 나머지 85%가 인간관계였다."

미국 카네기 공대 졸업생을 대상으로 한 조사 결과이다. 이것을 보면 개인의 성공에 인간관계가 중요한 요소로 꼽히고 있다는 것을 알 수 있다.

하지만 현실은 어떠한가? 만남이 선물이 아니라 풀리지 않는 숙제가 되어 버리는 경우가 많다. 우리는 직장 내 상사와의 갈등, 부하직원과의 갈등, 동료와의 갈등 속에서 끊임없이 문제에 부딪히며 살아가고 있다.

고심 끝에 뽑은 부하직원 하나 마음대로 움직이지 못해 애태우는 상사! 차라리 인간관계에도 반품 처리라는 것이 있다면 얼마나 좋을까?

그토록 어려운 취업의 문을 뚫고 들어간 직장! 말이 안 통하는 상사 때문에 그 얼마나 사표를 내던지고 싶었는가? 상사도 내 마음대로 리모델링을 할 수 있다면 얼마나 좋을까?

받는 만큼만 일하고 싶어 하는 직원과 좀 더 적극적으로 일했으면 하고 바라는 리더 사이의 조율은 어디까지가 최선인 것일까? 이렇게 풀리지 않는 관계 속에서 비전을 향해 한 방향 정렬을 이뤄 나간다는 것은 무척이나 어려운 일일 것이다.

그러나 내가 나를 좀 더 깊이 있게 알고 또 내 동료를 마음으로 이해하고 있다면 우리는 지금보다 더 효과적으로 일할 수 있지 않을까? 이러한 물음을 바탕으로 이 책은 쓰여졌다. 조직 내 꼭 필요한 인간관계의 법칙! 얕은 처세가 아닌 진정 나를 알고 타인을 이해하며 소통할 수 있는 방법과 사례에 대하여 이 책은 꼼꼼하게 말해 준다.

후회 없는 직장생활을 위한 첫 번째 질문! 우리 동료도 달라질 수 있을까?

제1장은 배우자보다 중요하고 긴 만남! 상사와 부하직원과의 관계 이야기이다. 리더는 어떻게 스스로 리모델링을 해야 하는지, 팀원은 어떻게 스스로 지혜로운 팔로어가 되어야 하는지에 대한 이야기를 들려준다.

후회 없는 직장생활을 위한 두 번째 질문! 배가 산으로 가는 팀, 어떻게 시너지를 낼 수 있을까?

제2장은 조직의 화합에 날개를 다는 성격유형에 대한 이야기이다. 자신의 유형을 파악하고 상대의 유형을 파악하여 서로 다름을 이해하고 그에 맞는 관

계 형성을 해 나가는 조직 내 사례를 볼 수 있다. 성격유형 파악을 위하여 이고그램(Egogram)을 활용하였으며 진단지를 통해 자신의 성격과 타인의 성격을 읽어 볼 수 있도록 배려하였다.

후회 없는 직장생활을 위한 세 번째 질문! 소통의 부재로 제각기 움직이는 직원! 한 방향으로 갈 수 있을까?

제3장은 어긋난 관계를 바로잡는 커뮤니케이션에 대한 이야기이다. 무엇이 생산적인 소통방법인지 타인의 언어와 나의 언어가 얼마나 다른지를 이해하고 상보교류 할 수 있는 구체적인 방법들을 통해 어긋난 소통을 통하는 소통으로 바꾸는 방법을 알려준다.

후회 없는 직장생활을 위한 네 번째 질문! 직원의 기를 살리는 구체적인 방법은 없을까?

제4장에서는 직원의 기를 살리기도 하고 죽이기도 하는 스트로크(Stroke)에 대한 이야기를 다룬다. 성과를 높이는 자극과 인정의 스트로크에는 무엇이 있는지를 알아봄으로써 긍정적인 조직문화로 가는 길을 제시한다.

후회 없는 직장생활을 위한 마지막 질문! 목표를 이루기 위한 확실한 액션 플랜은 없을까?

제5장에서는 이기고 지는 인생 각본 분석에 대한 이야기를 들려준다. 누구는 항상 승자 각본을 쓰고 누구는 항상 패자 각본을 쓴다. 성공을 방해하는 인생의 각본에는 무엇이 있는지를 알아보고, 스스로가 쓰고 있는 인생 각본을 재점검하여 이를 성공 각본으로 바꿔쓸 수 있는 방법을 알아본다.

이 책은 동료와 함께 행복한 비전을 꿈꾸고 싶은 리더, 또 성공을 향해 한 걸음씩 나아가고 있는 직장인들에게 도움이 되었으면 하는 바람으로 준비했다. 성공적인 변화를 꿈꾸는 조직 구성원 모두에게 이 책을 바친다.

저자 함선희, 이명노, 공수정, 이은실, 심소연

목차

1장 배우자보다 중요한 만남, 상사와 부하

2장　성과의 날개를 다는 Ego Story

5장   성공을 보장하는 인생 각본 분석

1장

배우자보다 중요한 만남,
상사와 부하

1 :: 스스로 리모델링할 것이냐, 철거당할 것이냐

2 :: 반품당할 것이냐, 머스트 해브 아이템이 될 것이냐

1

스스로 리모델링할 것이냐, 철거당할 것이냐

선례와 경험만으로 밀어붙이면
결국 철거당한다

어떠한 일을 충분히 잘 해낼 수 있음에도 불구하고 소극적으로 일하는 팀원!
그것은 관리자가 이미 만들어 놓은 '마음의 덫'일 가능성이 높다.

이번 한마음 워크숍은 우리 회사에서 너무나 중요한 프로젝트이다. 2박 3일 동안 소규모로 진행되는 워크숍으로, 조직의 한 방향 정렬을 위해 중간관리자 중 20명이 함께 모여 올 상반기 핵심 과제에 대하여 집중 토론하며 특강을 듣는 시간으로 마련되었다. 이 워크숍을 위해서 한 달을 넘게 공을 들이고 준비를 했는데 오늘 모든 것이 물거품으로 돌아가고 말았다. 그건 바로, 간부의 한마디 때문이다.

"지금 20명만 모여서 워크숍을 한다고? 인원 더 채우고, 평일 말고 주말로 시간을 빼도록 하지. 내가 대리 때는 다 그렇게 했어. 지금 일하기도 바쁜데 평일을 빼면 어떡하나. 리조트 예약한 것 변경하고 인원 최대한 많이 늘려 보라고."

헉. 정말 힘 빠진다. 겨우 스케줄 잡고 힘들게 예약했더니 모두 다 뒤집으란다. 항상 이런 식이다. 새롭게 기획안을 올리라고 하더니, 결국은 바뀌는 것이 없다. 기존대로 할 거라면 처음부터 그렇게 이야기하지 왜 일만 만드는 걸까? 그러면서 항상 변화, 혁신하라고? 집중토론이 목적인데 이보다 인원이 더 많아지면 도대체 어떻게 진행하라는 건지 모르겠다.

솔직히 20명도 인원이 많을뿐더러 2박 3일도 짧은 시간이다. 아~ 말이 안 통하는 이 간부, 도대체 정년은 얼마나 남은 거지? 오늘도 나는 그가 원하는 방향대로 다시 일을 하면서 그동안의 시간을 낭비하고 말았다.

프랑스의 심리학자 파브르의 모충실험은 유명하다. 파브르는 모충(애벌레) 여러 마리를 화분 주위에 일렬로 배치시키고 화분에서 15cm 떨어진 곳에 모충이 좋아하는 송즙을 뿌려 두었다. 모충은 송즙을 좋아하니 송즙 근처로 갈 거라 생각했을 것이다. 그런데 이게 웬일인가? 모충은 앞의 동물을 쫓아가는 습성이 있어 처음 배치된 형태에서 앞 놈만을 열심히 쫓아갈 뿐 어느 모충 하나 송즙이 있는 곳으로 가지 않았다. 시간이 지나도 행렬이 흐트러지지 않았고 결국 7일이 흐른 뒤 모두 굶어 죽고 말았다.

다음 실험에서는 모충 한 마리를 다른 곳으로 유인했다. 그런데 아무리 유혹해도 모충은 앞 놈만 보고 쫓아갈 뿐 그 행렬을 벗어나지 않는 것이 아닌가! 결국 파브르는 한 놈을 송즙이 있는 곳으로 옮겨 버렸다. 그러자 모충들은 당황하며 다시 방향을 튼 모충을 쫓아 기어가기 시작했고 모두 송즙을 먹을 수 있었다. 파브르는 모충이 한 방향으로 가다가 결국에는 송즙 쪽으로 가게 될 것이라고 생각했지만 모충들은 그렇게 하지 않았다.

이렇게 선례와 경험만을 따르다 스스로를 파괴하게 되는 현상을 '모충효과'라고 한다. 첫 실험에서 모충이 7일 후 모두 굶어 죽은 이유는 바로 습관적인 타성과 맹목적 군중 추종이라는 심리 때문이다.

이 실험은 우리 조직 내의 많은 것을 시사한다. 타성에 젖은 상사들은 부하 직원이 자발적으로 새로운 것을 시도하거나 변화시키려 할 때 지지하고 후원하기에 앞서, 과거의 방법과 절차를 강요한다. 이렇게 상당수의 관리자들이 직장생활을 하면서 무의식적으로 기존의 옳지 않은 일들을 그대로 추진하곤 한다. 기존의 방식이 옳다는 착각에서 벗어나지 못하고 문제 해결을 효율적으로 하지 못해 여러 가지로 시간 낭비를 하게 되는 것이다. 그러한 모습을 보고 있는 팀원은 상사의 앞날이 걱정될 뿐이다. 형식적인 월요일 아침 회의, 형식적인 아이디어 회의, 형식적인 보고서 제출, 형식적인 업무 브리핑, 형식적인 회식 이 모두가 기존의 것을 답습하는 모충과 다를 바가 없다는 것이다. 그래서 관리자에게는 직원들을 새로운 시대에 맞게 끌고 갈 수 있는 리더십이 무척 중요하다. 지속적인 변화의 시대에 적응하려면 관리자의 부단한 노력이 필요하다. 선례와 경험만으로 밀어붙이면 결국 철거당할 수밖에 없기 때문이다.

그렇다면 어떤 관리자가 철거의 대상이고, 철거당하지 않으려면 어떻게 해야 할까?

1. 직원에게만 강요하지 말고 상사 스스로가 자기계발을 먼저 하자!

얼마 전, 모 회사에서 사이버 교육을 실시하였는데 직원들의 표정이 별로 좋지 않았다. 기존 업무도 많은 데다 1년에 20강좌를 꼭 이수해야 하는 교육 시스템 때문에 불만이 많은 것 같았다. 그런데 막상 직원들의 이야기를 들어보니 불만의 원인은 그것이 아니었다.

"강사님! 교육 받으면 저희도 좋죠. 모두 자기계발을 위한 것인데 왜 마다하겠습니까? 언젠가 저희들에게 도움이 되겠죠. 그런데 문제는 간부들은 교육을 받지 않는다는 거예요. 사실상 정말 교육을 받아야 하는 사람들은 저희가 아니라 간부들이라니까요."

정말이지 안타까운 마음을 숨길 수가 없었다. 자기계발은 직원들에게나 필요한 것이라고 생각하는 회사의 간부들. 이런 간부들을 보는 직원들은 나날이 불평만 늘어간다. 앨빈 토플러는 21세기 문맹을 '읽고 쓰지 못하는 사람이 아니라 배운 것을 재학습하지 않는 사람'이라고 규정했다. 관리자에게는 경험으로부터 쌓은 많은 지식이 있을지 몰라도 그것을 지혜로 제대로 쓰는 사람은 많지 않다. 지식은 머리에 담는 것이고 지혜는 현장에서 발휘되는 것이다. 지식이 넘치는 관리자는 많지만 지혜로운 관리자는 찾아보기 어렵다.

조직 안에서 관리자가 먼저 더 많이 배우고 학습하면 자연스럽게 직원들은 공부하는 조직문화를 갖게 된다. 관리자들이여! 제발 먼저 배우고 익히길 바란다. 당신이 다시 배우고 익히느냐 그렇지 않느냐에 따라 회사의 일등공신으로 직원들에게 존경을 받거나, 갈 데 없어서 버티는 무능한 상사로 낙인찍히게 될 것이다.

2. 권위적인 상사보다는 민주적인 상사가 되자!

여기서 말하는 권위적인 상사란 시간, 매출, 순이익, 완료 등에만 신경 쓰는 상사를 말한다. 즉, '나를 따르라'형의 리더이다. 이러한 권위적인 상사가 직원들에게 통하던 시대도 있었다. 왜냐하면 그가 가진 경험과 지식만으로도 시장의 흐름과 방향을 알 수 있었고, 그대로만 해도 어느 정도 성과를 예측할 수 있었기 때문이다. 그렇지만 지금은 어떠한가? 이제는 몇 십 년 경력을 가진 상사는 물론 그 누구도 당장 1년 뒤, 3년 뒤 시장을 확신할 수 없는 시대다. 당장 올 하반기에 시장이 어떻게 변화할지 알 수가 없다. 그런데 '나를 따르라' 리더십이 팀원들의 마음을 움직일 수 있을까? 자리가 주는 포지션 파워는 이제 옛날 일이 되어 버렸다. 팀원은 관리자의 말이 아닌 행동에서 신뢰를 느낀다. "나만 믿고 따라와."가 아니라 믿고 따라갈 수 있는 행동을 먼저 보여주었을 때 그에 대한 무한한 신뢰를 가지게 된다는 뜻이다.

3. 신뢰를 받으려 하지 말고 먼저 신뢰를 주자!

모든 직원에게 인기를 누리고 싶어하는 관리자가 있다. 어디를 가도 자신을 챙겨주기를 바라고 무슨 일이든 자신과 의논하기를 바라며, 언제 어디서나 자신이 꼭 주연이 되고자 하는 관리자 말이다.

그러려면 직원들에게 신뢰를 받아야 한다. 그리고 직원들의 신뢰를 받고 싶다면 먼저 직원들에게 신뢰를 주어야 한다. 그렇다면 신뢰는 어떻게 주는 것일까? 팀원에게 신뢰를 주는 방법은 두 가지이다. 하나는 성품이고 다른 하나는 역량이다. 여기서 성품이란 한 사람의 생각이나 감정을 의미한다. 즉 관리자의 열정, 성실성, 도덕성, 긍정적 태도가 이에 해당한다. 그리고 역량은 자신의 직무에서 조직의 목표와 관련된 높은 성과를 내는 것을 말한다. 관리자의 지적 능력, 문제 해결 능력, 업무 처리 능력, 위기 관리 능력, 변화 관리 능력이 이에 속한다고 볼 수 있다.

두 가지 중 하나가 빠져도 직원에게 신뢰를 받기가 어렵다. 생각해 보자. 성품은 좋은데 역량이 되지 않는 직장상사는 어떨까? 직원은 틀림없이 이렇게 생각할 것이다.

'박 본부장. 사람은 정말 좋아. 그런데 일을 못해서 항상 윗사람에게 깨지니, 정말 불쌍해.'

반대로 역량은 뛰어나지만 성품이 따라가 주지 못한다면 어떨까?

'박 본부장. 일만 잘하면 뭐해? 자기를 따르는 사람 하나 없는데 말이야. 정말 불쌍한 인간이야. 자기 편이 하나도 없어.'

라고 생각할 것이다.

어쩌면 우리 직원들은 스스로 열심히 일해서 성과를 내는 방법을 알고 있을지 모른다. 다만, 일하고자 하는 의욕을 관리자가 무너뜨리기 때문에 열정이 사라지는 것은 아닐까? 배우자만큼 중요한 만남이 바로 상사와의 만남이다. 누군가를 변화시켜 일의 성과를 내려거든 관리자가 먼저 스스로 변화할 수 있는 사람이 되어야 할 것이다.

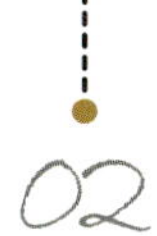

철거당하기 전에
스스로 리모델링을 하자

부하 직원에게 인정받고 싶다면 당장 깨어나라!
그리고 리모델링을 통해 직원과의 막힌 벽을 뚫어라!

지금은 메신저 중…

시달림 아~ 그놈의 아생(=김부장, 아무 생각 없는 놈), 오늘도 얼마나 들들 볶아 대던지.

김막가 그러게~. 왜 그렇게 사람을 괴롭혀. 정말 짜증난다. 완전 상전이야.

시달림 정말 확 지르고 사표 쓸까?

김막가 아냐. 너만 손해야. 뭐 골탕 먹이는 방법 없을까? 그래, 컴퓨터에 악성코드 심어 버리는 거 어때?

이렇게 메신저를 마치고 김 부장에게 다가간 김 대리. 사표는커녕 공손하게
결재서류를 제출했다. 아~. 복수는 언제쯤 시작할 수 있을까?

직장생활을 하다보면 상사에게 소심한 복수라도 하고 싶은 생각이 들 때가
많다. 상사에게 받은 스트레스를 얼마나 풀고 싶으면 미운 상사 골탕 먹이는
스마트폰 애플리케이션까지 등장했을까? 상사에게 직접 할 수 없으니 스마트
폰에 상사의 사진을 합성하고 마구 두들겨댄다. 상사의 얼굴이 벌겋게 부어오
르는 모습을 보아야 만족하는 부하직원들.

얼마 전 인터넷에 올라온 미운 상사 골탕 먹이는 재미있는 이야기들을 보았
다. 상사에게 술을 많이 먹여 다음 날 지각하게 만드는 직원, 술에 취한 척하
며 상사의 옷에 토하는 직원, 책상 위에 놓인 중요한 메모를 슬쩍 버리는 직
원, 잘 안 들리는 척 못 들은 척 외면하는 직원, 상사가 계속 이야기해도 바쁜
척 일하다가 "지금 뭐라고 하셨죠?"라며 되묻는 직원, 중요한 업무 전날 휴가
내는 직원 등 많은 이야기들이 공유되고 있었다.

관리자의 입장이라면 결코 웃어넘길 수 있는 이야기가 아닐 것이다. 그렇다
면 지금 나의 부하직원은 어떤 생각을 하고 있을까?

취업포털사이트 〈잡코리아〉에서 남녀 직장인 599명을 대상으로 '회사 우
울증'에 관하여 조사를 한 적이 있다. 그런데 회사 우울증을 앓고 있는 사람이

놀랍게도 10명 중 8명이나 되었다. 회사 우울증이란 쉽게 이야기해서 일요일 저녁이 되면 슬슬 짜증이 나기 시작하면서 월요일 아침이 되면 극도로 스트레스를 받으며, 일할 때 활기가 없고 무기력해지다가 퇴근시간이 임박해 오면 에너지가 급상승하는 것을 말한다. 특히 실무를 하는 30대가 회사 우울증에 가장 많이 시달렸다.

문제는 이러한 회사 우울증이 회사로서는 막대한 피해라는 사실이다. 미국 예일대 연구진이 발표한 논문에 의하면 회사 우울증에 걸린 직장인의 결근율은 보통 직장인보다 2배나 높고 생산성 손실은 7배나 된다고 한다. 그렇다면 왜 회사 우울증에 시달리는 것일까? 그 원인으로는 회사에 대한 불확실한 비전, 과도한 업무와 급여 문제, 상사와의 마찰 등이 있었다. 여기서 중요한 것은 상사와의 마찰이다. 과도한 업무는 하면 되는 것이고 급여는 자신이 바꿀 수 있는 문제가 아니므로 포기한다고 하지만 상사와의 마찰은 정말 답이 없는 부분이라는 사실이다.

얼마 전, 지인을 만나 심각하게 이야기를 나눈 적이 있었다. 그는 너무 억울하다면서 하소연을 하기 시작했다. CS팀을 이끄는 팀장으로서 리더십이 부족하다는 이유로 권고사직을 받게 된 것이다. 구조조정을 위해 해당 본부장이 직원들과 인터뷰를 한 후 이사진들과 내린 결정이었다.

"강사님! 이럴 수 있습니까? 저는 정말 열심히 일했습니다. 제가 믿었던 사람들에게 배신당한 기분이 듭니다."

이야기를 듣는 내내 생각했다. '과연 무엇이 이 팀장을 밖으로 내몰았을까?'

생각 끝에 내린 답은 하나였다. 결국, 회사는 실력으로 입사하지만 성공은 인간관계에 달려 있다는 것이다. 여기서 말하는 인간관계란 업무적인 관계 조율은 물론 사적인 관계 조율도 포함하는 것이다.

철거당하기 전에 스스로 리모델링을 할 수 있는 방법에는 무엇이 있을까?

1. 관리자가 직원에게 보여 줄 수 있는 비전에 관한 리모델링이 필요하다.

직원 스스로가 비전을 갖고 사장의 마인드로 일하면 좋겠지만 직원은 직원일 수밖에 없다. 그래서 어떠한 관리자를 만나느냐가 직원의 자발성과 열정을 깨우기도 하고 잠재우기도 한다. 관리자가 보여주어야 하는 비전은 회사의 비전만이 아니다. 회사의 비전과 함께 조직 구성원의 비전 설정이 함께 되어야 한다. 능력 개발을 지원하고 역할과 책임을 명확히 해서 직원 스스로가 성취감을 갖도록 도와주어야 하는 것이다.

2. 목표 설정에 대한 리모델링이다.

목표 설정은 절대 강압적이어서는 안 된다. 목표는 공유되어야 하는 것이다. 목표를 공유하기 위해서는 먼저 직원이 원하는 것은 무엇인지를 알아야 한다. 그리고 그 직원이 어느 정도의 역할과 책임을 감당할 수 있는지 기대할 수 있는 역량을 파악해야 한다. 그런 과정을 거친 후 직원 스스로가 목표를 설정할 수 있도록 유도하여야 제대로 된 목표 설정이 되는 것이다. 또한 목표를 달성했을 때의 보상도 명확하게 해야 한다.

'勝兵先勝而後求戰(승병선승이후구전)'이라는 말이 있다. 승리하는 군대는 먼저 승리를 만들어 놓은 후에 전쟁을 한다는 뜻이다. 결국 전쟁은 싸워서 이기기 위함이 아닌 승리를 확인하러 들어가는 것이다. 치열한 경쟁사회에서 결국 기업이 생존하기 위해서는 먼저 승리를 확보하고 전쟁에 임하여야 한다. 그러기 위해서는 한 방향으로 갈 수 있는 목표 설정이 반드시 선행되어야 할 것이다.

3. 효율적인 업무 처리를 위한 리모델링이다.

직원이 일하기 가장 힘들 때가 바로 상사가 "알아서 해.", "시키는 대로 해."와 같은 식으로 대책 없이, 일정의 여유도 없이 업무를 내려줄 때이다. 이런 일을 하다 보면 왜 이 일을 해야 하는지 의구심이 들 때가 많다.

효율적으로 업무를 처리하기 위해서는 〈PDCA 사이클〉을 알아야 한다. PDCA는 Plan, Do, Check, Act의 앞글자를 모아놓은 단어로 윌리엄 에드워드 데밍(William Edward Deming) 박사가 고안한 품질 관리를 위한 방법이지만 업무 관리 또는 목표를 이루기 위한 방법론으로도 많이 쓰이고 있다.

업무 처리의 첫 번째는 바로 Plan, 계획이다. 주어진 일을 잘 수행하도록 하기 위해서는 먼저 전체적인 그림을 그려 주어야 한다. 직원들과 의논하기 전에 관리자 스스로가 과제의 핵심을 정확하게 인지하고 전반적인 일의 흐름을 알고 있어야 한다. Do는 실행 단계이다. 실행을 하기 위해서는 우선순위를 정해 주어야 한다. 이것이 제대로 이루어지지 않으면 업무를 진행하면서 갈등을 피해갈 수 없다. 또한 지속적으로 상의하여 최선의 방안을 선택할 수 있도록 실행을 도와야 한다. 다음은 Check, 확인 단계이다. 실행하는 일에 대하여 분석하고 평가하는 단계로서 목표에 가까워지고 있는지 점검하고 대책을 세우는 일이다. 일에 있어 관리자의 중간 피드백이 없고 결과에만 집착하게 된다면 직원들의 회사 우울증은 날이 갈수록 심해질 것이다. 마지막은 Action, 개선을 위한 행동 단계이다. 위에서 나온 문제점을 다음 업무에 어떻게 반영해야 할 것인지에 대한 재검토가 이루어지는 단계로 다음 일에 대한 계획을 조정, 실행하는 단계라 볼 수 있다.

4. 팀워크의 시너지를 끌어내기 위한 리모델링이다.

노르웨이 속담에 아무리 큰 나무라도 한 그루는 숲을 이루지 못한다는 말이 있다. 유능한 상사는 혼자 일을 잘 하는 사람이 아니라 팀워크를 잘 끌어내는 상사이다. 하지만 직장생활에 있어서 모든 직원이 바쁜 것은 아니다. 한가한 사람도 있다는 것이다.

"일을 잘하는 사람에게만 일을 주게 됩니다. 일을 빨리 처리해야 하기 때문에 그런 것 같아요."

물론 이해가 안 되는 것은 아니다. 하지만 특정 직원에 대하여 기대 수준이 낮거나 무관심해지면 그 직원은 결국 그 수준을 벗어나지 못하게 된다. 직원들은 상사가 기대한 만큼 성장한다. 작은 성공 경험을 조금씩 주고 이들 안에 있는 거인을 찾아 깨워 주어야 한다. 만약, 스스로의 조직을 돌아보았을 때 특정 사람만이 바쁘다면 상사 스스로의 리더십을 되돌아보아야 한다.

5. 젊은 세대의 코드를 이해하기 위한 마인드 리모델링이다.

멋진 옷을 입기 위해서는 최신 트렌드를 알아야 하는 것처럼 멋진 리더가 되기 위해서는 신세대를 이해해야 한다. 그렇지 않으면 편견에 사로잡혀 늘 갈등의 연속이 될 수밖에 없다. 요즘 신세대들은 어떠한가? 상사의 말 한 마디에 바로 대답을 하고 메모 수첩을 들고 오던 옛날과는 다르다. 일단, 자신에게 중요한 업무가 있으면 상사가 기다려 주는 것을 당연하게 여긴다. 업무 보고를 문자로 하고 부서가 비상 상황인 줄 뻔히 알고도 휴가를 내거나 조퇴를 하기도 한다. 어디 그뿐인가? 근무시간에 당당히 개인적인 업무를 보고,

사적인 스케줄을 업무보다 더 중요하게 인식하는 직원도 있다. 받은 만큼 일하고 할 말은 꼭 하는 것이 바로 신세대이다.

삼성 사보 편집실이 임직원 1,018명을 대상으로 하는 설문조사를 통해 직장 내 세대 차이를 느끼는지에 대해 알아본 적이 있다. 그중 전체 응답자의 41.07%가 자주 느낀다고 답하였고 보통이라고 답한 응답자는 46.76%에 달했다.

세대 차이는 어느 시대에나 존재해 왔다. 이러한 세대 차이를 극복하는 것은 관리자에게 주어진 과제이다. 이 과제를 해결하기 위해 먼저 필요한 것은 역으로 배우겠다는 마인드 전환이다. 경험이 많은 기성세대는 업무에 대한 지식과 노하우를 많이 보유하고 있지만 신세대들은 디지털 문화에 대한 지식과 감각이 발달해 있기 때문에 변화를 빨리 감지할 수 있다. 그래서 어떤 회사는 역 멘토링 제도를 도입해서 팀원이 관리자에게 디지털 감각을 키우도록 하는 교육을 하게 한다. 역 멘토링을 통해 지식의 시너지를 확대하는 것이다. 기성세대의 낡은 잣대를 가지고 직원을 평가하기에 앞서 젊은 사람들의 유연한 사고와 그들만의 문화를 받아들이고 포용하는 것이 신뢰 회복의 중요한 요소가 될 것이다.

최고의 관리자는 답을 제시해주는 관리자가 아니다. 조직의 구성원의 역량을 이끌어낼 수 있는 관리자야말로 정말 능력 있는 관리자다. 조직원이 함께 머리를 맞대고 각자의 능력을 발휘해야 혁신을 일으킬 수 있고, 탁월한 결정을 내릴 수 있다.

2

반품당할 것이냐,
머스트 해브 아이템이 될 것이냐

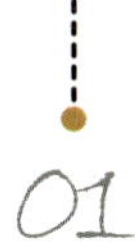

01

마지못해 일하는 직원,
반품하고 싶은 직원 된다

상사를 따르는 법을 모르는 사람은 결코 좋은 상사가 될 수 없으며 좋은 후배를 곁에 둘 수 없다.

오늘은 출장이 있었던 날이다. 출장지는 바로 울산! 서울에서 울산까지 가려면 적어도 4시간 이상이 걸린다. 왕복 8시간 거리를 가서 30분 회의를 하고 와야 하는 날이다. 그런데 함께 동반한 직원의 표정이 영 좋지 않다. 고작 30분 일하는 것인데 말이다. 결국 서울에 도착한 시간은 평소 퇴근시간보다 2시간 늦춰졌다. 직원의 표정이 점점 울상이 되고, 결국에는 이런 말을 던진다.

"팀장님! 2시간 더 일했으니 내일 1시간 정도 늦게 출근하면 안 될까요?"

처음 회사에 들어왔을 때는 궂은일도 마다 않고 잔업무도 잘 처리했던 그가 이제는 눈치만 늘어 어떻게든 일을 덜 하려고 뺀질거린다. 정말이지 사람에게 투자하는 것이 이처럼 값 없는 일일까? 땅에 투자하거나 적금을 들어 두면 몇 년 뒤 이익이 나는데 사람은 그렇지 않은 것 같다. 열심히 한다 싶으면 결국 중요한 순간 사표를 쓰고 경쟁 업체로 가 버리는 직원부터 관리자가 무슨 지시를 내리면 하나하나 꼬치꼬치 물어봐야 직성이 풀리는 직원까지 조직을 들여다보면 이처럼 반품하고 싶은 부하직원들이 한둘이 아니다.

어쩌면 우리 회사 팀원들의 모습이 아닐까 싶다. 직원과 리더의 차이는 어디에서 비롯될까? 리더는 30분밖에 일을 안 했다고 생각하는 반면 직원들은 차를 타고 오가는 시간 모두 노동의 시간이라고 생각한다.

얼마 전 교육 때 학습생들에게 이러한 질문을 던진 적이 있다.
"어떻게 하는 것이 일을 잘하는 것일까요?"
이때 의외의 대답이 나왔다.
"직장 상사에게 욕 들어 먹지 않을 만큼만 일하는 것이요."
학습생들과 한참을 웃었지만 결코 웃을 일은 아니었다.
관리자들은 어설픈 정신 상태의 일류 직원보다 하고자 하는 삼류 직원이 더 좋다고들 한다.
모든 직장인들은 엄밀히 말해서 회사의 사주에게 고용되어 그로부터 월급을 받는 봉급생활자이자 사장이다. 바로 내가 나를 고용한 1인 사업자인 것이다. 1인 사업자인 우리들은 회사에 서비스를 제공하고 몸값에 해당하는 페이를 받는다. 따라서 자신의 몸값을 어떻게 측정하느냐는 스스로에게 달려 있다. 그런데 몸값을 높일 생각은 안 하고 연막 뒤에 숨으려고만 하면 언젠가는 반품이 될 수밖에 없는 것이다.

자신의 논리 안에만 갇혀 있지 말자.

칼 웨익(Karl Weick) 교수는 어느 날 학생들에게 재미있는 실험을 하나 소개하였다. 그것은 유리병 속에 같은 수의 꿀벌과 파리를 넣어두고 병을 옆으로 눕힌 채 어느 곤충이 더 빨리 탈출하는가에 대한 실험이었다. 이때, 유리병의 바닥 부분은 창가 쪽으로 두고 해가 잘 비치게 놓아두었다.

그림과 같은 상황 속에서 과연 꿀벌과 파리 중에 누가 더 먼저 유리병을 탈출할 수 있을까? 대부분 꿀벌이라고 말을 한다. 꿀벌이 파리보다 지능 지수가 좀 더 높을 거라는 생각을 하기 때문이다. 그런데 예상외로 유리병을 탈출한 것은 파리였다. 이유는 꿀벌은 본래 빛을 좋아하는 성질이 있어서 자꾸 유리병 바닥 부분에서 벗어나지 못했기 때문이다. 좀 더 밝은 쪽으로 가려는 성질이 결국에는 제대로 날아보지도 못한 채 모두 병 안에서 죽음을 맞이하게 한 것이다. 그런데 파리는 어떠한가? 어디가 출구인지 모르기 때문에 아무 생각 없이 이리저리 날아다녔다. 그러다 운 좋게 출구를 발견하게 된 것이다. 칼 웨익 교수는 본 실험에 관하여 다음과 같은 메시지를 전달하였다.

"때로는 마구잡이로 하는 행동이 정체된 논리보다 큰 효과가 있다."

우리는 살면서 유리병 속에 놓이는 경우가 많다. 나름대로의 이성과 논리로 어떠한 상황을 판단하여 자기만의 안전지대를 만들어 놓는다.

반품하고 싶은 직원들의 공통점이 이러하다. 이것저것 자기만의 머리를 쓰면서 인간관계를 맺거나 상사에 대한 평가를 한다. 그리고 그것이 정당한 것처럼 포장을 하는 경우가 많다. 이렇게 직원들은 하나둘씩 자신의 마음에 상사에 대한 부정적인 잣대를 심고 자신의 방식이 옳다고 착각하며 그 틀 안에서 벗어나지 못한다. 그리고 이것이 반복된다면 꿀벌의 최후를 맞이하게 될지도 모른다.

상사에 대한 자신만의 마음의 벽! 그것이 아무리 이성적으로 맞는다 해도 때로는 논리를 앞세우기보다 파리처럼 머리를 쓰지 않고 단순하게 관계를 끌어가는 사람이 상사로 하여금 인정을 받는다는 사실을 알아야 한다. 얕은 처세에만 능한 사람, 언젠가는 반품의 대상이라는 것을 기억하자.

관리자가 보기에 정말 반품하고 싶은 직원 유형

1. 불만 가득한 직원

매사에 투덜거리는 사람이 있다. "우리 회사는 복리 후생이 안 좋아.", "보고 라인이 너무 많아.", "시스템이 엉망이야.", "업무시간이 너무 길어." 등 끊임없이 부정적인 잣대로 판단하고 말하는 사람들이 있다. 관리자의 입장에서는 투덜이가 아닌 문제 해결사를 만나고 싶은 것이 당연하다. '보고를 더 간단하게 하는 방법이 없을까?', '시스템을 어떻게 하면 바로 고칠 수 있을까?', '어떻게 하면 업무시간을 단축하여 효율적으로 일할 수 있을까?' 등과 같이 생산적인 사고를 하길 원한다.

회사에서는 월급을 그냥 주지 않는다. 예를 들어 연봉 3,000만 원 받는 사람이 주 5일 근무를 한다고 가정할 때 1분당 인건비는 260원인 셈이다. 담배 피우고 커피 마시며 직원과 잡담하는 시간을 금액으로 환산한다면 그 비용은 얼마나 될까? 불만을 내세우기에 앞서 내가 회사에 출근해서 '일에 올인하고 있는 시간이 얼마인지를 계산해 본다면 투덜이 게임은 그만두게 될 것이다.

2. 정치하는 직원

일은 제쳐두고 상사의 비위를 맞춰 하루라도 승진을 앞당기려는 데 혈안이 되어 있는 사람들이 있다. 겉으로는 욕을 하지만, 실상은 그에게 잘 보이려고 온갖 노력을 다하는 이런 사람들을 두고 우리는 '정치'를 한다고 이야기한다.

'어우, 저 인간. 내가 참는다, 참아. 간이고 쓸개고 빼줘야 저 사람이 날 좋게 봐주지.', '내가 이렇게까지 했는데 인정해 주겠지.' 등 성급한 판단을 통해 아부하기에 급급한 사람들을 보면 불안할 뿐이다. 이것은 직원들의 성급한 일반화의 오류에 불과하다. 관리자가 이것을 모른다고 생각하는 것이 더 안쓰러울 지경이다. 단지 관리자는 당신의 철없는 행동을 지켜볼 뿐이다. 유능한 직원은 정치적인 인간관계가 아니라 업무의 성과로 윗사람에게 신뢰를 주는 사람이다.

3. 핑계만 대는 직원

"김 대리! 이번 실적이 왜 이렇게 좋지 않은 거야?"

"네. 보시다시피 시장 환경이 좋지 않았습니다."

"그걸 누가 몰라? 그런데 B사는 같은 상황 속에서도 지난번보다 매출이 좋아졌잖아. 우리 제품이 B사 제품보다 품질이 떨어지는 것도 아닌데. 그걸 지금 변명이라고 하나?"

"실장님. B사는 인력이 저희보다 1.5배 많습니다."

"그렇다면 김 대리! 인력이 투입되면 B사보다 실적을 더 낼 자신이 있다는 건가?"

"……."

매출 저조에 대한 원인을 찾을 때 직원들은 대개 '불황이다', '시기가 좋지 않았다', '악재가 있었다' 등 외부에서 원인을 찾고 핑계를 늘어놓는다. 관리자가 시장 상황이 좋지 않은 걸 모르는 것이 아니다. 하지만 그것은 문제에 대한 원인이 되기 어렵다. 원인을 파악하는 것은 문제를 해결하기 위함인데, 그러려면 내부에서 원인을 찾아 해결책을 모색해야 하는 것이다.

무엇이든지 알아서 하는 직원이 있다. 어학 실력도 좋고 전산 능력도 좋다. 뿐만 아니라 항상 제안하는 것을 좋아하고 열정적인데, 한 가지 단점이 있다. 입버릇처럼 "그것은 아닌 것 같은데요.", "그게 가능하다고 보십니까?"라며 상사를 무시하는 듯한 말투를 많이 쓰는 것이다. 좀처럼 한 번에 "네, 알겠습니다.", "해보는 데까지 해보겠습니다."라며 수긍하지 않는다. 일명 '잘난 직원'인 것이다. 잘난 직원을 길들이기란 여간 어렵지 않다. 그래서 잘난 직원들을 두고 한비자는 이렇게 이야기한다.

善游者溺, 善騎者墜 (선유자익 선기자추)
수영을 잘 하는 사람이 물에 빠지고 말을 잘 타는 사람이 말에서 떨어진다

수영을 너무 잘 하기 때문에 물을 무서워하지 않을 수 있고 말을 너무 잘 타기 때문에 말을 무서워하지 않을 수 있다는 말이다. 그래서 손을 잡아줄 수 있는 관리자가 반드시 있어야만 한다. 이미 수많은 시행착오를 거친 관리자는 전체의 숲을 볼 수 있다. 그런 관리자 앞에서 당장의 한 그루 나무만을 보고 윗사람을 평가해서는 안 된다는 것이다. 잘난 직원들은 관리자를 평가하는 것이 일에 대한 자신감인지 자만심인지 다시 한 번 생각해 보아야 한다.

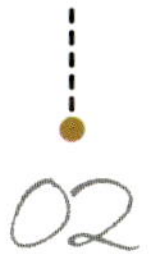

지혜로운 팔로어가
머스트 해브 아이템이 된다

리더처럼 생각하고 리더처럼 행동하라! 당신은 부하직원이 아니라
관리자의 파트너가 되어야 한다. 키우고 싶은 직원은 따로 있다.

오래전부터 탕비실 정리를 해 온 것 같다. 벌써 입사 15년차인데 말이다.
여직원이 없는 것도 아니고 후임이 없는 것도 아닌데 탕비실은 여전히 지저
분하다. 먹다 남은 주스통이 굴러다니고 굳어 버린 커피는 누구 하나 치울 줄
을 모른다. 언제 치우나 지켜보다가 결국 내 손이 닿고 말았다. 이런 작은 것
하나하나 잔소리를 하기도 그렇고 매번 내가 치우자니 모양새도 안 좋다. 어
디 그뿐인가? 직원들은 이면지 하나도 제대로 쓸 줄 모른다. 개인적인 출력물

을 가져와서 당당하게 컬러 프린트를 쓰면서 내가 흑백 출력하라고 하면 모두 입이 나와 있다. 도대체 주인의식 갖고 일하는 직원이 누구인지 모르겠다. 하긴, 그들이 관리자의 고충을 얼마나 이해할까. 동종업계에서 그래도 최고 대우를 해주기 위해 사장과 매일같이 전쟁하며 행여 퇴사율이 높아질까봐 개인 돈 써가며 그들과 회식하는 내 마음을 말이다.

관리자가 되면 좀 더 자유롭게 일하고 편해질 줄 알았다. 실적이 안 좋으면 직원들 한 번 나무라고 정신 차리게 하면 되지 생각했지만 실적에 관심 없는 직원들 보면 한숨만 늘 뿐이고 혼자 매달 매출 맞추려고 전전긍긍하고 있다.

사장은 월급날만 되면 기분이 다운되고 나는 바닥 난 잔고를 때우기 위해 거래처 눈치 보며 오늘도 쓴소리를 한다. 직원 눈치, 사장 눈치 보느라 직장생활이 너무 고단하다. TV 속 본부장의 모습들은 모두 판타지인가? 목숨 걸고 상사 보좌하는 드라마 속 캐릭터는 이 현실에 정녕 없단 말인가? 내 어깨의 짐을 나눌 수 있는 누군가가 필요하다.

관리자는 항상 이처럼 외롭다. 위에서 치이고 아래에서 치이고 외로움과 고통의 연속이다. 그러나 직원은 관리자를 애처로운 눈으로 보기보다 슈퍼맨으로 알고 있다. 문제가 터지면 무조건 앞장서서 해결해야 하고 직원의 실수는 눈감아주고 넘어가는 아량도 있어야 하며, 누구보다 변화를 빨리 예측해서 시장을 리드해야 하고 말도 안 되는 부하직원의 논리도 받아들일 줄 아는 열린 사람이길 원한다.

그렇다면 직원인 당신은 슈퍼맨인 상사를 얼마나 믿고 따라가고 있는가? 작은 실수 하나도 놓치지 않고 기억하는 직원, 퇴근 시간이 다 되어서야 입가에 미소가 번지는 직원, 꾸중 한 마디에 다른 일자리를 알아보는 직원, 일을 그저 밥벌이 정도로만 생각하는 직원이 관리자를 평가하는 것에 대해서는 어떻게 생각하는가?

1등 리더는 아랫사람이 만드는 것이다. 관리자들의 리더십도 중요하지만 제대로 따를 줄 아는 팔로어십(Followership)도 중요하다는 이야기이다. 조직의 성공은 리더 혼자 만들어 갈 수 없다. 유능한 리더 밑에는 똑똑한 팔로어가 있어야 한다. 또한 똑똑한 팔로어가 될 수 없는 사람은 리더가 되어도 조직을 제대로 끌어갈 수 없다. 이끄는 법을 배우려면 먼저 따르는 법을 배워야 한다는 장자크 루소의 말처럼 팔로어십은 매우 중요하다.

그렇다면 팔로어는 어떤 역할을 해주어야 할까?

결국, 동반자이자 파트너의 역할을 해야 한다. 바로 페이지 터너(Page Turner)처럼 말이다. 페이저 터너는 음악회에서 피아니스트 옆에 앉아 악보를 넘겨주는 사람을 말한다. 어려운 곡을 연주할 때는 페이지 터너가 꼭 필요하다. 이때 페이지 터너가 더 빨리 악보를 넘기거나 실수로 인해서 타이밍을 놓치거나, 연주자를 건드려 흐름을 깨게 되면 좋은 연주를 관객에게 들려줄 수 없다. 페이지 터너의 세심한 배려와 완벽한 역할이 함께 할 때 그 음악은 빛을 볼 수 있는 것이다.

로버트 켈리(Robert Kelly) 교수는 "20%의 리더가 아닌 80%의 팔로어가 조직운명을 결정하는 변화의 시대"라고 말했다. 조직의 성패를 좌우할 정도로 중요한 구성원이 이제는 리더가 아니라 팀원인 것이다. 그저 따라가는 부하직원으로서만 생각하고 일한다면 조직의 비전을 실현하기 어렵다. 이제 당신은 리더의 파트너가 되어 주어야 한다. 파트너는 서로 협력 관계에 있는 사람이다. 수직적인 관계에서 윗사람의 명령을 받고 그대로 실행하는 의존적인 관계가 아니라 주인의식과 책임감을 갖고 목표달성을 위해 리더와 함께 고민을 나눌 수 있는 직원말이다. 이제 지혜로운 팔로어는 어떤 사람들인지 자세히 알아보자.

1. 지혜로운 팔로어는 지적 호기심이 많다.

지적 호기심이야말로 창의력을 계발하고 업무 능률을 오르게 한다. 그런데 기업의 담당자들을 만나면 모두가 이러한 말을 들려주곤 한다.

"직원들이 자신의 분야가 아닌 것은 절대 배우려 하지 않습니다. 그래서 자기 일들 말고는 서로의 업무를 도와줄 수가 없어요. 그런데 앞으로 일들이 더 많이 늘어나면서 일당백의 역할을 해야 하는데 큰일입니다."

물론, 타부서의 일을 세심히 알고 있을 필요는 없다. 하지만 업무라는 것이 하나의 지식으로는 해결되지 않을 때가 많다. 다양하고 폭넓은 종합지식을 가져야만 빠르게 움직이는 시장을 따라갈 수 있는 것이다. 직원들은 자신의 일뿐만 아니라 회사 전체의 업무를 두루 알고 있어야 한다. 그리고 자신의 실무를 처리하는 데 있어서 어떤 도움들을 받을 수 있는지 늘 고민해 보아야 한다.

2. 지혜로운 팔로어는 프로의식이 강하다.

프로와 아마추어의 가장 큰 차이는 무엇일까? 아마추어는 언제나 대체 가능한 반면 프로는 대체가 불가능하다. 아마추어는 머슴의식이 있는 반면 프로는 주인의식을 가지고 있다. 아마추어는 소극적으로 업무를 추진하는 반면 프로는 진취적으로 업무를 추진한다. 아마추어는 상대를 배척하는 반면 프로는 WIN-WIN 하는 관계를 끌어간다. 아마추어는 노력만 말하고 프로는 노력과 성과를 같이 말한다.

당신은 어느 쪽인가? 팔로어가 프로의식을 제대로 갖추고 있을 때 리더의 자리가 빛이 난다. 〈개그콘서트〉에는 '달인'이라는 장수 코너가 있다. 물론 주목을 받고 있는 사람은 김병만이다. 하지만 그들이 새로운 달인을 구상하기 위해서는 모두가 철야를 한다. 서포트를 하는 류담과 노우진은 코너상에서 크게 빛을 보지 않지만 하나의 작품이 완성되기 위한 노력은 함께 한다는 것이다. 만약 이 코너에서 두 서포터즈가 빠진다면 어떻게 될까? 절대 김병만 혼자서 달인이라는 코너를 해낼 수 없을 것이다. 프로라는 것은 돋보이는 사람이 아니라 과거에 머물러 있지 않고 자신의 일에 끊임없이 스스로 성과를 높이는 사람이다. 그래서 류담과 노우진은 김병만 못지않은 프로이자 멋진 팔로어라고 말할 수 있다.

3. 지혜로운 팔로어는 훌륭한 조연자 역할을 한다.

얼마 전, 〈남자의 자격〉이라는 프로그램에 박칼린이 출연한 적이 있다. 그녀는 단 한 번의 예능 프로그램 출연으로 일명 스타가 되었다. 그런데 필자는 박칼린의 리더십에 박수를 치기 전에 박칼린을 잘 따른 합창 단원에게 박수를 치고 싶다. 리더의 목표를 따라가기 위해서 개인의 시간을 기꺼이 투자하여 쉴 새 없이 연습한 단원들, 그들의 열정과 노력, 좀 더 잘하고 싶어했던 고민의 시간들, 서로 의지하며 힘든 시기를 버티고 때로는 일방적으로 끌고 가는

헙!

어텐션!

리더의 말에 수긍하며 믿고 따라간 단원들이 더 멋지게 보였다. 그런데 우리 현장의 모습은 그렇지 않다. 왜 연습을 해야 하는지 알려 주어야만 연습을 한다. 왜 고민해야 하는지 이해되게 설명해야만 깊게 사고한다. 때로는 관리자가 빛나 보일 수 있도록 멋진 조연의 역할을 하는 것이 곧 다가올 주연의 기회를 잡는 방법이 될 것이다.

4. 지혜로운 팔로어는 상사와 궁합을 잘 맞춘다.

상사와의 궁합은 배우자보다 더 중요할지 모른다. 왜냐하면 하루 중 배우자보다 더 많은 시간을 함께 보내고 더 많은 이야기를 하는 것이 직장 내 상사이기 때문이다. 궁합이 잘 맞으려면 먼저 상사의 코드를 이해해야 한다. 문서 보고를 좋아하는 상사에게 구두 보고를 올린다면 어떻게 될까? 또 성격이 급해서 무조건 빨리 빨리를 연발하는 상사에게 꼼꼼하게 일처리를 하는 중이니 시간을 더 달라고 이야기하면 어떻게 될까? 아이디어가 넘치는 상사에게 분석력이 뛰어난 직원이 이 아이디어는 이래서 안 되고 저건 저래서 안 된다고 꼬치꼬치 토를 달면 어떨까? 산을 좋아하는 상사에게 워크숍을 바다로 가자고 제안을 한다면? 물론, 안 봐도 이들의 관계는 갈등의 연속일 것이다. 다소 억울할 수도 있겠지만 일단은 직원이 먼저 상사에게 맞추려고 하는 노력을 해야 한다. 나의 직속 상사가 어떤 성격을 가지고 있는지, 어떠한 보고 방법을 좋아하는지, 그가 요즘 관심 있어 하는 것이 무엇인지 촉각을 곤두세울 필요가 있다.

삼성경제연구소에서 국내 CEO 502명을 대상으로 '답답한 속을 시원하게 뚫어 줄 수 있는 선물은 무엇인가?'라는 질문으로 설문조사를 한 적이 있다.

그리고 대답으로 나온 것 중 1위가 '똑똑한 핵심인재 5명'이었다. 이것은 2위를 차지한 '일주일간의 휴가'보다 14% 높았다. 결국 리더는 자신의 휴가보다는 함께 회사를 끌어갈 수 있는 주인의식, 프로의식을 가진 직원 5명이 더 간절하다는 것이다. 이제부터라도 상사의 든든한 오른팔이 되어 보자. 든든한 오른팔이 되기 위해서는 몇 가지 주의해야 할 사항이 있다.

1. 든든한 오른팔이 되려면 대립관계가 아니라 협력관계라는 마인드로부터 출발해야 한다.

한마디로 논쟁이 아닌 제안으로 소통의 방식이 바뀌어야 한다는 이야기이다. 논쟁은 서로 다른 의견을 갖고 논하여 다툰다는 뜻이며 제안은 더 좋은 방법을 구하기 위해 서로가 의견을 내놓는다는 뜻이다. 안타깝게도 조직 내 회의장을 보면 모두가 제안이 아닌 논쟁을 한다. 결국 관리자의 감정을 상하게 하고 서로 적대적인 관계로 끝나버리게 되는 경우가 많다. 회사의 발전 방향을 위해서 논쟁이 필요할 때도 있지만 가장 중요한 것은 그 시작이 협력하고자 하는 마인드에서부터 출발하여야 감정대립을 최소화한다는 것이다.

2. 든든한 오른팔이 되려면 관리자의 특성에 맞춰주어야 한다.

모든 관리자는 독특하고 맞추기 힘들다. 유독 당신만이 상사 복이 없는 것이 아니라 어디를 가도 마음에 쏙 드는 상사를 만나기는 어렵다는 이야기다. 잊지 말아야 할 것은 그런 상사의 특성을 이해하고 전략을 조율해야 한다는 것이다. 이 관리자는 어떤 사람인가? 어떠한 성격을 가지고 있는가? 어떻게 이야기를 하고 보고하는 것을 좋아하는가? 또 어디서 이야기 나누는 것을 좋아하는가? 등과 같은 상사에 대한 접근법을 알고 있어야 한다.

상사마다 자신만의 역린(逆鱗)을 가지고 있다. 역린이란 용의 목 아래에 거꾸로 난 비늘인데 이 비늘을 건들면 용은 미쳐서 날뛴다. 바로 용을 분노케 하는 것, 그래서 절대 건드리지 말아야 하는 것이 역린이다. 상사도 마찬가지로 제마다 각기 다른 역린을 가지고 있다. 그가 치명적으로 싫어하는 것이 무엇인지 알아야 한다. 필자가 아는 모 회사 컨설팅 원장은 직원이 가족에 대해 묻는 것을 극도로 싫어한다. 그 이유는 남편과 이혼을 하고 홀로서기를 하고 있는 상황이었기 때문이다. 그것을 알면서도 잊어버렸던 직원은 너무나 해맑은 표정으로 "원장님 부군 되시는 분은 일찍 집에 들어오시죠? 저희 신랑은 늘 12시를 넘겨요."부터 시작해서 "아드님은 엄마를 잘 따르나요? 아빠를 잘 따르나요?"라며 눈치 없이 종종 묻는다는 것이다. 그래서 항상 그 직원과 이야기하면 폭탄의 카운트다운이 시작된다고 한다.

제대로 된 파트너는 상사의 성향과 업무 스타일, 선호도를 이해하며 스스로를 정비하는 사람이다.

3. 든든한 오른팔이 되려면 지속적으로 1대 1 시간을 갖는 것이 좋다.

대부분의 직원들은 문제가 생겼을 때 1:1 면담을 청한다. 그런데 사실은 평상시 1:1 면담을 청하여 상사와의 관계를 더욱 돈독하게 가져가는 것이 더 좋다. 단, 면담에서 우선시되어야 할 화제는 사적인 내용이 아니라 업무적인 내용이어야 한다.

"부장님, 제가 요즘에 일을 잘하고 있는지 모르겠습니다. 일을 하는 데 있어서 부장님의 기대를 얼마나 충족시키고 있는지 궁금합니다. 저에게 부족함이 있다면 말씀해 주십시오."

"부장님! 요즘은 제가 맨땅에 헤딩을 하고 있는데 일이 잘 진행되고 있지 않는 것 같습니다. 어떻게 해야 좋은지 알려주시면 다시 시도해 보겠습니다.”

이런 식으로 일에 대한 솔직한 피드백이나 업무 진행 과정에서 필요한 수정 사항, 지원 등을 직원이 먼저 물어보는 것이 좋다.

4. 든든한 오른팔이 되려면 철저한 자기 평가가 지속되어야 한다.

자신의 업무 완결성, 생산성, 목표달성 여부 등을 끊임없이 스스로 점검해야 하며 자신에 대한 엄격한 평가를 할 줄 알아야 한다. 이 세상에 어떤 누구도 자신의 거울이 되어 줄 수 있는 사람은 없다. 오직 스스로 자신의 거울이 되어서 현재 상태를 점검하며 나아가야 한다. 다른 팀원들이 잘하고 있다고 해서 그들이 자신인 양 착각하면 안 된다는 것이다. 스스로의 업무 평가를 위해서 다음 몇 가지 질문에 대하여 솔직하게 셀프 토킹을 해보자.

- 나는 일을 지금보다 더 신속하게 할 수 있는가? 그렇다면 어떤 방법이 있는가?
- 나는 현재 우선순위에 맞춰 일을 하고 있는가? 그 우선순위의 기준은 나의 기준인가? 아니면 회사의 기준인가?
- 업무 시간 중 낭비되고 있는 시간이 있는가?
- 상사의 업무 지시에 맞는 결과를 주고 있는가?
- 담당 업무를 해결하기 위해 최대한의 지원을 받고 있는가?
- 조직에서 기대하는 수준의 성과를 보여주고 있는가?
- 상사의 능력을 믿지 못해서 독단적으로 일처리를 한 적은 없는가?
- 과거 경험에만 의존하여 기존의 방식을 고집한 적이 없는가?
- 문제 발생 시, 그 원인을 상사나 외부 환경에 돌린 적이 없는가?
- 기한을 지키지 못해서 상사의 업무에 문제를 일으킨 적이 없는가?
- 자기계발을 위해서 노력하고 있는 부분은 무엇인가?
- 회사의 경영 상황을 잘 이해하고 있는가?

- 업무에 방해가 되는 불필요한 습관은 무엇이 있는가?
- 업무 공유는 잘 이루어지고 있는가?
- 핵심인재가 되기 위해서 무엇이 더 필요한가?

자신에 대한 냉정한 평가는 쉬운 일이 아니다. 하지만 평가 없이 새로운 계획은 이루어질 수 없으며 목표에 도달할 수 없다. 전체 직장인의 50%는 스스로 경쟁력이 있다고 생각하지만 회사에서는 20%만이 필요한 사람이라고 판단한다. 이제는 지속적인 자기평가를 토대로 보다 효율적이고 적합한 방법들을 모색해 1등 리더를 만드는 1등 파트너가 되어야겠다.

 위대한 지도자였던 윈스턴 처칠은 "국민은 꼭 자기 수준에 맞는 지도자를 갖게 돼 있다"라고 말했다. 이처럼 관리자를 보좌하는 구성원의 수준이 곧 리더의 수준임을 명심하자.

2장

성과의 날개를 다는 Ego Story

1 :: 부모, 성인, 아이로 대변되는 사람의 자아 상태

2 :: 이고그램 진단결과 일곱 가지 유형으로 살펴보기

1

부모, 성인, 아이로 대변되는
사람의 자아 상태

자아 상태를 활용하면
사람의 마음을 움직일 수 있다

인간관계! 왜 누구에게는 쉽고 누구에게는 어려운 것일까?
어떻게 하면 다른 사람들의 마음을 얻어낼 수 있을까?

오늘도 회의는 전쟁이었다. 아~ 정말 회의하다가 회의를 느낀다. 자기 말만 하는 김 대리! 오늘도 김 대리는 이 부장을 무시하고 눈치 없게 말을 잘라 버렸다. 그렇게 주변에서 눈치를 주는데도 도대체 무슨 생각인지. 이 부장도 그렇지. 부하직원이 저렇게 기어오르면 좀 한마디 따끔하게 해주던가, 왜 자기가 소심해져서는 아무 말도 못하는 거야? 답답하다 답답해~.

그리고 박 대리. 어제 무슨 일이 있었는지 사람들이 이야기를 하든지 말든지 온통 딴 생각뿐인 것 같다. 그 모습을 본 이 과장은 눈을 치켜뜨고는 공격적으로 한마디 했다. "어이, 박 대리! 꿔다놓은 보릿자루처럼 뭐하고 있는 거야? 회의안건을 좀 내 보라고, 회사 다니기 싫어? 대체 어디다가 신경을 쓰고 있는 거야?" 갑자기 회의장 분위기는 더 싸해졌다.

오늘은 아이디어 회의인데 아이디어는 온통 김 대리만 내고 있고 더 어이없는 것은 아이디어랍시고 내 놓은 안건들이 모두 쓸데없는 것들뿐이니……. 그냥 생각나는 대로 앞뒤 안 따져보고 떠들어 대니, 천진난만한 건지 머리가 나쁜 건지. 뭘 모르면 나대지나 말던가, 결국 그러다가 이 과장한테 한소리 된통 듣네.

이번에 새로 영입했다던 브레인 윤 과장, 분명 뛰어난 실력을 갖고 있다던데 좀처럼 적응을 못하는 건지 침묵하는 자세로 일관하고 있다. 브레인이 맞기는 한 거야? 머리만 좋으면 뭐하나, 머릿속에만 꽁꽁 담아두면 답이 나와?

두 시간쯤 지났을까? 이사님께서 들어오시더니 한바탕 연설을 늘어놓았다. 늘 그렇듯 다 아는 이야기를 반복하며 사람 진을 빼놓는다. 그나마 평소 나와 가장 잘 맞는 송 과장은 요리조리 눈치를 보며 방어적인 자세만 취하고 있다. 열심히 무언가를 적고 있기에 슬쩍 보니, 큭큭… 아무 의미 없는 낙서만 하고 있다. '나, 잘 듣고 있어요!' 하는 듯한 고개 끄덕이기 액션까지. 하여튼 잔머리 대마왕. 푸하하!

결국 3시간이 지나서야 회의는 결론 없이 끝났다. 차라리 그 시간에 일하는 게 더 나았을 것이다. 에휴~ 오늘도 3시간을 회의했으니 3시간은 더 일을 하고 가야겠지?

힘들다.

이처럼 우리 조직 안에는 다양한 얼굴의 직원들이 존재한다. 주위를 의식하지 않고 자기주장만 펼치는 사람, 하고 싶은 말이 있어도 사람들의 눈치를 보며 망설이고만 있는 사람, 다른 생각에 잠겨서 멍하니 앉아만 있는 사람, 공격적인 태도로 다른 사람들 트집을 잡거나, 방어적인 태도로 적당한 자세를 취하고 있는 사람 등 회의석상에서 둘러보면 개개인의 성향이 고스란히 드러난다. 위 사례의 주인공은 이런 타인의 성향들을 주관적인 관점으로 판단하여 '저 사람은 항상 저런 식'이라고 결정짓고 비난하고 있다. 이런 주인공의 모습을 또 다른 사람이 본다면 그 역시 주인공에 대해 '어떤 어떤 인물'이라고 말을 할 것이다.

우리는 이런 다양한 행동양식을 '성격'이라고 부른다. 인간관계가 어려운 것은 '누구나 성격이 다르다'는 것을 알기만 할 뿐 이해는 하지 못하기 때문이다. 자신과 잘 맞는 성격을 가진 사람들하고만 관계를 하고 그렇지 않은 사람들과는 마음의 담을 쌓고 지낸다면 성공의 필수조건이라 할 수 있는 인맥지수를 높일 수 없다. 지금부터 성격이 왜 다양하게 나타나는지, 그 다양한 성격들을 어떻게 이해해야 하는지에 대해 알아보자.

심리학적으로 보면 사람은 누구나 부모, 성인, 아이라는 세 가지 자아 상태를 갖고 있다. 자아 상태란 '생각과 감정 또는 이와 관련된 일련의 행동양식을 종합한 하나의 시스템'이라고 정의할 수 있는데 각각의 자아 상태에 대한 설명은 다음과 같다.

1. 부모의 마음, P자아(Parent Egostate)

P로 표기하는 부모의 마음은 사람이 태어나면서부터 부모나 외부 환경에서 받아들인 부분으로 도덕적이며 목표지향적인 측면과 배려와 인정을 베풀고자 하는 측면이 있다. 타인에게는 비판적, 권위적인 태도 또는 보살피고 양육하고자 하는 행동으로 표현된다. 예를 들어 회사동료가 잦은 실수를 할 경우 '저 사람은 왜 저렇게 책임감 없이 일을 하는 거지? 조금만 더 신경 써서 일하면 분명 잘 해낼 수 있는 사람인데…….' 라는 식으로 반응하는 것이다. 책임감 없는 행동에 비판을 하면서도 한편으로는 상대를 지지해 주는 듯한 표현으로 우리가 일상적으로 부모에게서 들어온 말과 비슷한 느낌을 받을 수 있을 것이다.

2. 성인의 마음, A자아(Adult Egostate)

A로 표기하는 성인의 마음은 객관적으로 판단하고 현실을 분석하며 감정에 치우치지 않고 이성적인 행동을 하는 모습을 말한다. 예를 들어 부하직원이 어떤 일을 해결하지 못하고 어려워할 때 '무슨 문제가 있는 거지? 원인이 뭘까? 어떻게 하면 해결할 수 있을까?'라고 생각하면서 문제해결을 위해 객관적, 분석적, 합리적으로 접근하는 모습을 보일 때에 해당한다.

3. 아이의 마음, C자아(Child Egostate)

C로 표기하는 아이의 마음은 유아기에 자연적으로 발생하는 모든 충동, 인생의 조기경험, 그 경험에 대한 반응 등 환경에 의해 변형된 모습으로 구성된다. 이는 감정을 자유롭게 표현하고 사물에 대한 호기심이 많으며 적극적인 행동을 하는 측면과, 감정을 자제하고 양보하며 주위의 눈치를 보는 측면이 있다. 어릴 때 했던 말과 행동패턴을 그대로 보이는 것으로, 예를 들어 직장 상사가 많은 양의 업무를 지시할 때 '에이 정말, 이걸 다 어떻게 하라는 거야? 짜증나 죽겠네!'와 같이 자기가 느낀 대로 감정을 표현하거나 '휴, 참아야지, 어떻게든 처리해야 혼나지 않겠지'와 같이 자기의 감정을 누르고만 있을 때에 해당한다.

위의 내용을 종합해서 보면 아래와 같이 정리할 수 있다.

P	▶ 도덕적	▶ 권위적
	▶ 관습적	▶ 비판적
	▶ 보호적	▶ 지배적

A	▶ 논리적	▶ 계산적
	▶ 합리적	▶ 기계적
	▶ 객관적	▶ 타산적

C	▶ 본능적	▶ 공격적
	▶ 직관적	▶ 자기중심
	▶ 순응적	▶ 의존적

사람은 P A C 세 가지의 자아 상태를 모두 갖고 있다.

다만 개개인별로 좋아하는 자아 상태가 있어 일상생활에서 그것이 두드러지게 나타날 뿐이다. 사람들의 그러한 행동양식을 보고 '그 사람은 이런 성격'이라고 말을 하게 되는 것이다. 그러나 일관되게 하나의 자아 상태만 보인다면 제대로 된 인간관계를 할 수 없게 되며, 상황에 맞지 않는 자아 상태의 발현으로 인간관계를 깨트리는 결과까지 초래하게 된다. 따라서 처한 상황에 따라 P A C의 자아 상태를 적절히 사용해야 한다. 아래에서 그 구체적인 사례를 살펴보자.

상사가 직원을 대할 때는 P 상태로

책임감 없이 무성의한 자세로 업무에 임하고 있는 부하직원이 있다고 가정해 보자. 분명 그 업무를 처리할 능력이 없는 것이 아님에도 불구하고 나태한 모습을 보이고 있다면 부모의 마음으로 지적해 주는 것이 좋다. "자네는 왜 할 수 있는 일도 그렇게 무책임하고 성의 없게 하는 건가?"와 같이 다소 엄하게 시정을 요구하는 것이 향후 그 직원을 위해서도 바람직한 대응 방법이다.

그 외에도 도덕적으로 문제가 될 만한 행동을 한다거나 지나치게 자기중심적인 행동을 하는 사람, 시종일관 의존만 하려는 태도를 보이는 사람에게도 P 자아를 이용하여 대화를 시도하는 것이 좋다. 만일 이 상황에서 충동적인 C 자아로 짜증내는 모습을 보인다면, 상대방은 자신의 잘못을 깨닫기는커녕 상사를 기분 나쁘게 여길 것이며, 순응하는 C 자아로 참기만 한다면 그 직원은 영영 자신의 잘못을 모른 채 같은 행동을 반복하게 될 것이다.

업무 처리를 할 때는 A 상태로

중요한 안건으로 회의를 하는 상황을 생각해 보자. 이때에는 객관적인 사실과 정보에 입각하여 현재의 상황을 분석하고 그에 맞는 해결책을 제시해야 하므로 A 자아 상태를 사용해야 한다. A 상태에서는 다른 사람들의 여러 가지 의견을 듣고 참고하여 응용할 수 있으며 감정에 치우치지 않고 결과를 도출해 낼 수 있다. 만일 이때 P 상태로 다른 사람의 의견을 무조건 비판 또는 지지를 하거나 C 상태로 지루한 회의가 싫다고 해서 회의 안건에는 아랑곳하지 않고 다른 생각을 한다면 또는 다른 사람의 눈치를 살피며 제대로 의견 제시조차 못한다면 회의가 제대로 진행될 수 없는 것이다. 이 외에도 대부분의 업무 처리를 할 때에는 주로 A 상태를 유지하는 것이 좋다.

P 상태로 지적받을 때는 순응하는 C 상태로

상사가 P의 상태로 나의 잘못을 합당하게 질책하고 있는 상황을 예를 들어 보자. 분명 나의 잘못이 있는 것이라면 순응하는 C의 상태로 겸허하게 받아들이고 잘못을 인정하는 모습을 보이는 것이 좋다. 상사의 꾸중에 화가 난다고 해서 같이 P 상태로 맞대응한다거나 즉흥적으로 감정을 표출하는 C 상태로 대응한다면 어떻게 될까? 이성적으로 생각했을 때는 너무나 명료하지만 순간적으로 자신의 자아 상태를 조절하지 못하여 문제가 생기게 되는 것이다.

그 밖에 회식자리나 야유회, 송년회 등 행사를 하는 자리라면 C의 행동력 있고 감정 표현이 풍부한 자아 상태를 사용하는 것이 좋다.

나와 정반대의 성격을 갖고 있어 대하기가 어렵다는 것은 결코 상대방이 나쁜 사람이라서, 이상한 성격을 갖고 있는 사람이라서가 아니라, 단지 내가 좋아하는 자아 상태와 상대방이 좋아하는 자아 상태가 '달라서'라는 점을 이해하고 인정해 주는 것부터가 안정적인 인간관계의 시작임을 알아야 한다. 상대방이 항상 Ｐ Ａ Ｃ 중 한 가지의 자아 상태에 치중되어 있다고 해서 나 역시 그에 맞대응하는 것이 아니라, 때와 장소, 상황에 맞게 의도적으로 균형 잡힌 자아 상태를 발휘하도록 노력해 보자. 그렇게 노력하는 나로 인해 상대방도 올바른 자아 상태로 따라올 수 있다. 그것이 바로 사람의 마음을 움직이는 Ｐ Ａ Ｃ 의 기술이다.

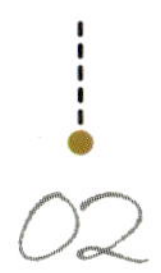

자아를 세분화한
사람의 다섯 가지 마음 상태

사람의 마음은 하루에도 열두 번씩 변한다. 그래서 종종 상대방이 지금 왜 저런 행동을 하는지 의아할 때가 많다. 그의 마음을 훤히 뚫어볼 수 있다면!

오늘도 하루 종일 살얼음판이겠군. 도대체 저놈의 윤 팀장은 관리자라는 사람이 왜 저렇게 자기관리가 안 되는 거야? 출근하자마자 얼굴에 '나 오늘 기분 안 좋으니 건드리면 가만 안 둬!'라고 아주 써 붙이고 다니시네. 집에서 또 뭔 일이 있었길래. 아유~ 지겨워 정말!!

'오늘 윤 팀장 기분 안 좋은가봐~. 알아서들 하자고 큭큭!'

'지뢰 조심! 밟으면 터진다! 푸히히~'

'또 시작이다 시작이야~'

직원들은 여기저기서 메신저 쪽지를 보내며 키득거리고 있다. 일주일에 한 두 번은 꼭 일어나는 이 상황을 윤 팀장은 아는 건지 모르는 건지.

"김지영 씨! 잠깐 내 자리로 와요."

헉!! 오늘의 희생양은 지영 씨구나. 불쌍한 지영 씨…….

"김지영 씨, 어제 제출한 보고서 제대로 조사해서 작성한 거 맞아요? 그게 도대체 언젯적 데이터야? 그렇게 대충대충 일할 거예요, 정말!?"

"팀장님, 그게 아니라……."

"아니긴 뭐가 아니에요! 변명하지 말고 당장 다시 해 와요!"

헐. 난 뭐 잘못한 거 없겠지? 눈 마주치지 말자. 절대, 절대~

"여보세요~, 응… 응… 그래. 알았어. 그래."

어라? 누구랑 통화하기에 저렇게 부드러워?

"김지영 씨~, 보고서 갖고 잠깐 다시 와볼래요?"

지영 씨는 왜 또~. 진짜 저 마귀할멈 너무 하네.

"지영 씨, 보고서에 이 부분은 이걸 참고해서 다시 작성해 보도록 해. 충분히 찾아낼 수 있는 건데 좀 소홀했던 거 인정하지? 하다가 잘 안 되면 나한테 다시 물어보고. 다시 수고 좀 해줘."

뭐야, 주의경보 해제인가? 나긋나긋해졌네? 어라, 콧노래까지 흥얼거리고?

"자자~. 잠깐 미팅합시다! 커피 한 잔씩 타서 들고 회의실로 와요~."

갑자기 신이 나셨군. 하여튼 저 변덕쟁이. 아무튼 경보가 빨리 해제되어서 다행이다!

　반품하고 싶은 직원, 리모델링하고 싶은 상사

◆　◆　◆

짜증을 내다가 화를 냈다가, 친절해졌다가 또 기분이 좋아지는 윤 팀장. 과연 그녀는 정말 변덕쟁이일까? 사실 그것은 우리들 일상의 모습이다. 아침의 마음 상태가 잠들 때까지 똑같이 유지되는 사람은 없으며, 사소한 사건 하나 때문에 또는 어떤 사람 때문에 수시로 바뀌는 것이 사람의 마음인 것이다. 이렇듯 계속 바뀌는 마음 상태를 이해하지 못하고 한 가지 상태로 일관되게 대응한다면 어떤 상황이 비롯될지 상상해 보자.

오늘 윤 팀장이 아침부터 기분이 좋지 않아 보여 잘못 건드렸다간 혼만 날 것 같아서 눈치를 보며 쭈뼛쭈뼛한 자세로 하루를 시작을 했다고 하자. 그런데 커피 마시면서 미팅을 하자고 하면서 콧노래를 부르고 회의실로 들어간 윤 팀장에게도 계속 그런 태도를 보인다면? 기분이 좋아졌던 윤 팀장은 그런 팀원들로 인해 다시 기분이 나빠지고 화를 내게 될 것이다. 그러면 다시 팀원들은 더욱 눈치를 볼 수밖에 없는 악순환이 반복될 것이다. 만일 팀원들이 윤 팀장은 원래 기분파 기질을 갖고 있어서 화를 냈다가도 금방 이성을 찾고 기분 전환을 할 줄 아는 사람이라고 알고 있었다면 사무실의 분위기가 그렇게 침체되지 않았을 것이다.

그래서 사람의 마음 상태를 읽고 그것을 인정해주며 그에 맞게 관계를 하는 것이 중요하다. 그렇다면 마음 상태라는 것은 무엇일까? 앞서 설명한 것처럼 사람은 누구나 부모, 성인, 아이라는 세 가지의 자아 상태를 갖고 있다. 이 세 가지의 자아를 세분화한 것이 다섯 가지 마음 상태이다. 마음 상태의 종류에는 다음과 같은 것들이 있다.

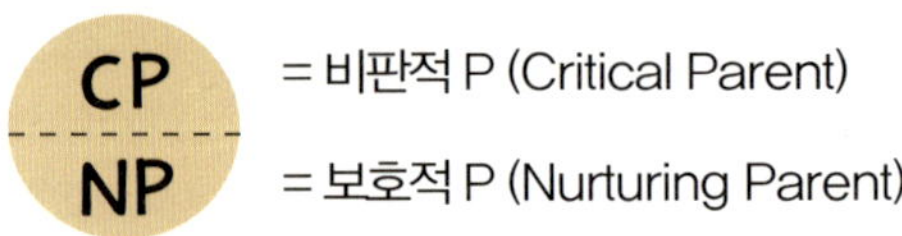

먼저, 부모의 자아 상태 P는 CP(Critical Parent, 비판적 부모의 마음)와 NP(Nurturing Parent, 보호적 부모의 마음)로 나눌 수 있다. 그리고 아이의 자아 상태 C는 FC(Free Child, 자유로운 아이의 마음)와 AC(Adapted Child, 순응하는 아이의 마음)로 나뉜다. 그리고 성인의 마음 A는 따로 나뉘지 않아 총 다섯 가지의 마음 상태로 구분된다.

사례에 등장한 윤 팀장의 마음 상태는 제대로 일처리를 하지 못한 팀원에 대해 비판하는 마음 CP(비판적 부모의 마음)에서, 팀원에게 조언을 하며 도와주고자 하는 마음 NP(보호적 부모의 마음)로, 흥을 내며 커피타임을 갖고자 하는 마음 FC(자유로운 아이의 마음)의 순서로 변했다고 볼 수 있다. 이렇게 나누고 나면 'CP는 비판적인 부모이니까 나쁜 것이고, NP는 보호적인 부모이니까 좋은 것인가? 또는 FC(자유로운 아이의 마음)는 제멋대로인 것이고, AC(순응하는 아이의 마음)는 눈치만 보는 거니까 안 좋은 것 아닌가?'라고 의문을 품을 수도 있다. 그러나 마음 상태는 무조건 옳거나 그르다고 말할 수 없고 동전의 양면처럼 긍정적인 부분과 부정적인 부분이 공존한다.

먼저, CP(비판적 부모의 마음)는 도덕적이며 신념이 강하고 목표 지향적이라는 긍정적 측면과, 권위적이며 지배적이고 강압적이라는 부정적 측면을 동시에 갖고 있다.

NP(보호적 부모의 마음)는 친절하고 배려심 깊으며 타인을 지지해주고 육성하고자 하는 긍정적 측면과, 지나칠 경우 과보호가 되어 자칫 상대를 의존적으로 만들거나 실속 없이 무조건적인 희생을 하게 되는 부정적 측면이 있다.

A(성인의 마음)는 현실적이고 합리적이며 객관적이라는 긍정적 측면과, 자칫 냉정하거나 인간미가 없어 보이고 계산적이라는 느낌을 주게 되는 부정적 측면을 갖고 있다.

FC(자유로운 아이의 마음)는 호기심이 많고 자발적이며 행동에 능하고 애정표현이 풍부하다는 긍정적 측면과, 반항적이거나 충동적이며 자기중심적인 모습의 부정적 측면을 갖고 있다.

AC(순응하는 아이의 마음)는 겸손하고 다른 사람에게 양보를 잘하며 자신의 감정을 자제하는 긍정적 측면과, 과민하거나 의존적이고 행동을 잘하지 못하는 부정적 측면을 갖고 있다.

모든 사람의 마음속에는 다섯 가지 상태가 공존한다는 것을 알아두자. 그리고 나의 마음 상태도 함께 점검하자.

나에게도 매 순간 다른 마음 상태가 발현되고 더 많은 비중을 차지하는 마음 상태가 있기 마련이다. 또, 똑같은 상황이라 하더라도 나는 AC(순응하는 아이의 마음)의 마음 상태일 수 있고 다른 사람은 FC(자유로운 아이의 마음)의 상태일 수 있다. 즉 점심 메뉴를 정할 때 나는 '난 아무거나! 대세에 따르도록 하지!'를 외치며 다른 사람들이 가자는 곳으로 따라가는 편이지만, 내 동료는 자신이 먹고 싶은 음식을 이야기하며 주도적으로 이끌고 가는 사람일 수 있는 것이다. 그런 점을 이해하지 못하고 '저 사람은 왜 늘 자기 하고 싶은 대로야?'라고 생각한다면, 그 동료는 당신을 '저 사람은 자기주관이 없어!'라고 생각할 수도 있을 것이다.

이렇게 사람마다 다른 마음 상태를 가지고 있을 수 있다는 점을 인정하면서 동시에 필요한 것은 나의 마음 상태를 읽어 내어 긍정적인 측면으로 개선해 나가고자 하는 노력이다. 한 가지의 마음 상태에만 과하게 치우쳐 있지는 않은지 점검하고 다섯 가지의 마음 상태가 적정 비율로 조절될 수 있도록 하며 상황과 장소, 상대방에 맞게 생각과 행동을 조금씩 변화시키는 것이 좋다. 한쪽으로만 편중되면 부정적인 측면의 상태로 가기가 쉽다는 것을 꼭 기억해야 한다.

Advice 세 가지의 자아 상태와 다섯 가지의 마음 상태로 인해 우리는 종종 상대방에게 불편한 감정을 느끼거나 '저 사람은 그런 사람이다'라는 선입견을 갖게 된다. 흔히 사람들이 성격과 혈액형을 연결 지어 "너 A형 맞지?", "어쩐지~. O형일 줄 알았어!", "B형은 항상 그렇더라.", "딱! AB형 같아!" 등과 같이 말하는 것처럼. 하지만 그것은 오히려 사람에 대한 편견을 강화시키는 결과를 낳을 때가 더 많다. 이제부터는 혈액형이 아니라 마음 상태를 파악하고 그 사람이 왜 그런 마음 상태가 되었는지를 생각해 보면서 내가 대응할 마음 상태 또한 정해 보는 것은 어떨까?

이고그램(Egogram)으로
마음 상태 진단하기

나의 마음은 어떻게 움직이고 있을까? 과연 나는 바람직한 마음 상태로
일상생활에 임하고 있는 것일까? 나의 강점과 약점은 무엇일까?

진단설명

이고그램(Egogram)이라는 진단도구를 통해서 마음 그림표를 그려보
자. 이고그램은 에릭 번(Eric Bern)이 창안한 교류분석(Transactional
Analysis)을 기반으로 하여 듀세이(J.Dusay)가 발전시킨 기법으로 자아 상
태의 움직임을 그래프화한 것이다. 일상생활과 관련된 질문에 답하면서 어떤
마음 상태가 발휘되는지를 분석하여 자신의 마음 상태를 알 수 있다.

진단방법

1. 설문지 각 문항에 대해 업무환경에서 보여주는 자신의 모습을 생각하면서 응답한다.

2. 평소의 모습과 비슷하다고 생각하면 O 표시를, 다르다고 생각하면 X 표시를 한다. 될 수
   있으면 O, X 표시를 하되 판단하기 어려운 경우에 한해서만 예외적으로 △ 표시를 한다.

3. 자신의 모습이 결정되면 5개의 칸 중 흰색 칸에 표시한다.

4. O 표시는 2점, △ 표시는 1점, X 표시는 0점으로 계산하여 총 50문항의 세로열별로 합
   계를 낸다.

5. 마지막으로 68쪽의 마음그림표를 작성해보자.

CP | NP | A | FC | AC

1 상호 이해관계를 생각한 후 행동하는 편이다.

2 자신은 자유로운 행동을 하는 사람이라고 생각한다.

3 상대방이 말을 하는 도중이라도 자신의 생각을 이야기하는 편이다.

4 생각하고 있는 바가 있더라도 겉으로 말하지 못하는 경우가 많다.

5 타인의 행동이나 실수에 대하여 엄하게 비판하는 편이다.

6 타인의 마음을 헤아려 주고자 하는 마음이 강하다.

7 상대방의 장점을 잘 파악하여 지지하는 편이다.

8 대화 중에 감정적으로 흥분하는 일이 적다.

9 매사에 강한 호기심을 느끼는 편이다.

10 돈, 시간, 업무에 대한 약속을 어기는 것을 싫어한다.

11 주위를 의식하고 체면을 차리는 편이다.

12 다른 사람의 부탁이라면 잘 들어주는 편이다.

13 나서는 것을 어려워하며 타인에게 양보할 때가 많다.

14 준법정신이 강하며 사회의 도덕, 윤리를 지키는 것을 중요하게 생각한다.

15 사물을 분석적, 객관적, 논리적으로 생각한 다음에 신중하게 결정한다.

16 하기 싫은 일은 우물쭈물 지연시키며 미루는 경향이 있다.

17 주변 사람들을 돌보아 주는 것을 기쁨으로 생각한다.

18 내 주장보다는 타인의 주장을 따르며 타협하는 일이 많다.

19 마음으로 느끼기보다는 머리로 생각하는 편이다.

20 예의범절을 따르는 것을 중요하게 생각한다.

21 중립적인 자세로 양쪽 의견을 모두 수렴하여 현실적으로 결정한다.

22 좋아하는 오락, 음식에 쉽게 빠져들고 지나칠 때가 있다.

23 무책임한 사람을 싫어하며 엄격하게 책임감을 요구하는 편이다.

24 타인에 대하여 긍정적이며 수용적이다.

25 타인의 눈치를 보며 말과 행동에 신경을 쓴다.

| 26 | 내심 불만이 있더라도 주위를 생각해서 표출하지 못하고 참는 편이다. |
| 27 | 지시하거나 명령하는 듯한 말을 자주 쓴다. |

(예: '이렇게 해!', 저건 하지 마' 등)

28	자신의 생각이나 느끼는 바를 마음 내키는 대로 이야기하는 편이다.
29	사소한 실수도 지나치지 않으며 지적하는 편이다.
30	상대방의 마음에 들도록 신경을 많이 쓴다.
31	자신의 감정을 표현하지 못하고 속으로 억누르는 편이다.
32	갖고자 하는 것은 무조건 손에 넣어야 직성이 풀린다.
33	어떤 일에서든 감정에 치우치지 않고 사물을 객관적으로 본다.
34	감정표현에 인색하지 않고 감탄사를 자주 하는 편이다.

(예: '와우~', '멋있다~' 등)

35	자신감이 부족해서 못할 것 같다는 생각을 할 때가 많다.
36	치밀한 계획 및 예산을 세워 행동한다.
37	유머러스하고 농담을 잘 하는 편이다.
38	충동적으로 화내는 일이 많은 편이다.
39	옳고 그름이 분명하며 흑백을 명확히 한다.
40	감정적으로 되지 않도록 이성적으로 생각하고 행동한다.
41	잘 모르는 것은 정보를 수집해서 신중하게 결정한다.
42	아이들이나 부하의 잘못에 대해 너그럽게 감싸주는 편이다.
43	경청과 공감을 잘 하며 친절하게 대하는 편이다.
44	아이들이나 부하의 좋지 않은 행위에 대해서는 직접적으로 주의를 준다.
45	생기발랄하고 호기심이 많으며 행동적이다.
46	다른 사람이 물어보면 친절하게 대답해 준다.
47	애정표현이 풍부하며 희로애락이 잘 드러난다.
48	타인에게 베푸는 것을 좋아해서 손해를 볼 때가 있다.
49	스스로의 컨디션을 잘 관리하며 지나치거나 무리하지 않는다.
50	동정심이 많아 불쌍한 사람을 보면 지나치지 못하는 편이다.

○:2　△:1　×:0　총계

　이고그램(Egogram) 진단으로 나온 5개의 결과 값을 CP(비판적 부모의 마음), NP(보호적 부모의 마음), A(성인의 마음), FC(자유로운 아이의 마음), AC(순응하는 아이의 마음)의 점수로 보고, 마음그림표의 각 항목별로 해당 점수에 표시를 한 뒤 꺾은선으로 연결한다.

성격은
다각형이다

'그 사람'은 내가 봐도 '그 사람'이고 옆자리 동료가 봐도 '그 사람'이다.
그런데 왜 내가 보는 '그 사람'과 동료가 보는 '그 사람'은 다를까?

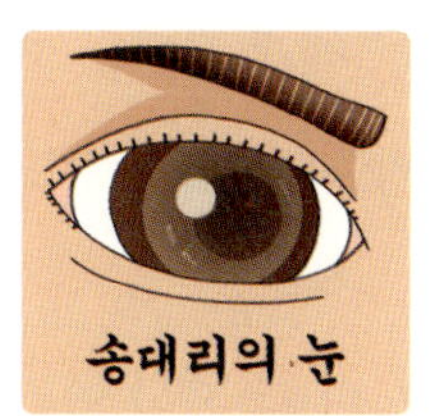

난 프로그래머다. 프로그램 코드값을 잘못 넣어서 고객이 원하는 대로 활성화가 되지 않는다고 클레임을 받았다. 물론 내가 실수를 하긴 했지만 정권위 저 인간 정말 해도 해도 너무 한다. 어차피 수정 작업 내가 하는 거지 당신이 하는 거 아니잖아? 뭘 그렇게 버럭버럭 소리를 지르고 야단이야? 그놈의 책임감 소리 지겹다 지겨워~. 툭 하면 이래라 저래라 지시나 할 줄 알았지 뭐 하나 잘 하는 것도 없는 것 같구먼. 내가 정말 이 놈의 회사 때려치우든지 해야지 못 살겠다!

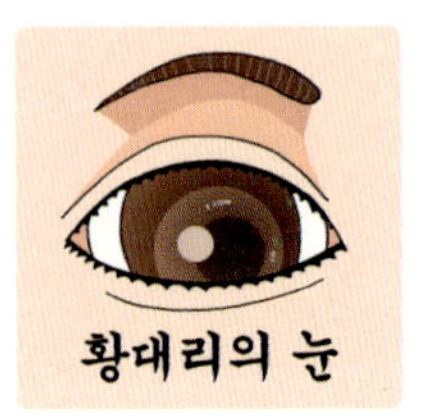

난 웹디자이너다. 오늘도 우리 정 부장님은 우렁찬 목소리로 업무 지시를 내리고 열심히 일을 하고 계신다. 부장님은 항상 우리들에게 목표를 가져라, 힘차게 뛰는 사람만이 성공할 수 있다고 하시며 비전을 심어 주신다. 가끔 무섭게 혼내시기도 하지만 그 덕분에 일도 빨리 배울 수 있었고 실수도 많이 줄었다. 우리 부서의 정의의 사도 같은 우리 부장님이 존경스럽다!

'그 사람' 정권위 부장은 마음그림표의 다섯 가지의 마음 상태 중 CP(비판적 부모의 마음)의 성향이 우세한 사람이다. CP가 높을수록 도덕적, 양심적, 권위적이며 책임감이나 정의감이 높고 목표지향적인 특성이 강하다고 볼 수 있다. 그러나 CP가 극단적으로 높을 경우에는 강압적으로 자기주장을 한다거나 타인에 대한 편견과 비판으로 상대방의 기분은 고려하지 않을 수 있기 때문에 주의해야 한다. 그렇게 되면 어느새 주위 사람들이 당신에게 진심을 보이지 않고 거짓으로 수긍하는 척 하다가 감정이 쌓이면 저항을 하게 될 수도 있다.

반면에 CP가 낮을수록 타인에 대해 관용적이지만 뚜렷한 자기주장이 없는 모습으로 일관할 수 있으며 사회에 대한 규범이나 도덕적 가치관을 소홀하게 여기는 사람으로 비춰질 수 있다.

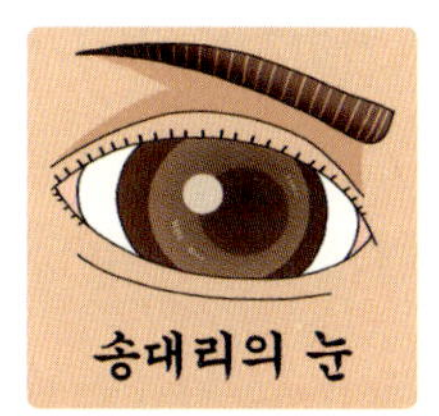

송대리의 눈

<u>ㅎㅎㅎ</u>… 오늘도 성공이다! 역시 전 과장님께 이야기 하면 안 되는 게 없다니까. 사람이 저렇게 물러 터진데 어떻게 이 험한 세상 살아가고 있는 건지 진짜 불가사의 하다. 우리가 다 자기 자식인 줄 아시는 건가? 완전 우리 엄마보다 더 엄마 같다. 잔소리 많은 것쯤이야 뭐 참아주지. 어쨌든 오늘도 과장님한테 일 다 부탁했으니 나는 칼퇴근하고 친구들하고 술이나 한잔 해야겠다~!

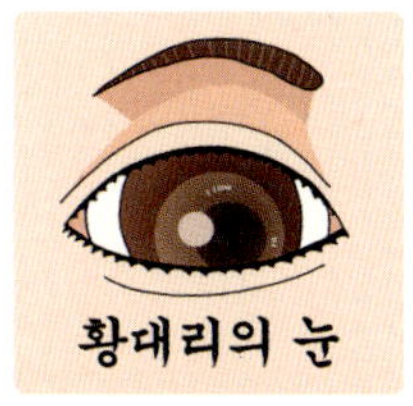

황대리의 눈

남자친구와 헤어지고 어젯밤 밤새 펑펑 울었더니 몰골이 말이 아니다. 아니나 다를까 전 과장님이 아침에 얼굴 보자마자 무슨 일 있느냐며 물어보셨다. 평소에 고민도 많이 들어주시고 걱정해주시는 분이라 왈칵 눈물이 터져버렸다. 잠시 커피라도 마시며 마음 추스르고 일하라며 신경 써 주시는 과장님이 정말 고맙다. 그리고 과장님의 마지막 한마디를 잊을 수가 없다.

"황 대리! 힘내~. 자기처럼 멋진 여자 놓친 그 남자가 바보인 거야!"

'그 사람' 전배려 과장은 NP(보호적 부모의 마음)가 높은 사람이다. NP가 높을수록 양육적, 보호적 특성을 보이며 타인 배려, 동정심 등의 성향이 강하게 나타난다. 거절을 해야 하는 일도 거절하지 못하고 힘들어 할 수 있으며 모든 것을 자신이 해주어야 한다는 중압감에 시달릴 수 있다.

NP가 극단적으로 높을 경우 부하직원이나 자녀들을 보호해야 한다는 생각을 가지고 있다 보니 직원들을 의존적으로 만들거나 간섭이 심하다는 소리를 듣게 되는 경우도 있으니 주의해야 한다.

반면 NP가 낮으면 대인관계에 있어 차갑고 인정 없는 사람으로 보일 수 있다.

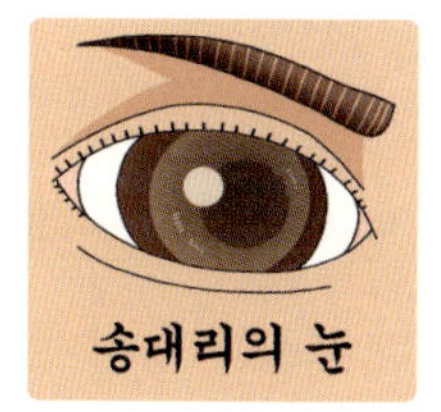

송대리의 눈

김계산 주임 저 인간은 들어온 지 얼마나 됐다고 저렇게 잘난 척이야? 하라면 하라는 대로 할 것이지. 하나부터 열까지 다 따져야 되겠어? 그래도 내가 윗사람인데 또박또박 말대꾸나 하고 말이야. 표정은 또 왜 저렇게 딱딱해? 좀 인간이 인간 같아야지. 저건 완전 로봇도 아니고, 진짜 맘에 안 든다, 안 들어!

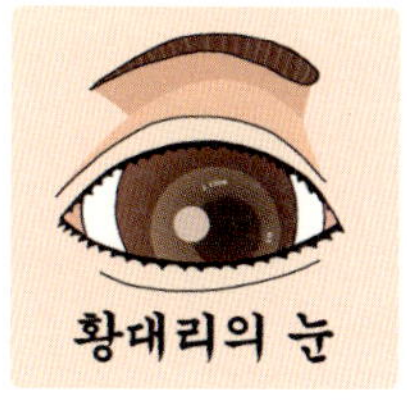

황대리의 눈

우리 부서의 엘리트 김계산 주임! 일 하는 거 보면 나보다 진급도 빨리 할 것 같은데 나중에 상사로 모셔야 되는 거 아니야? 하하! 참 배울 것이 많은 친구인 것 같단 말이야. 송 대리가 그렇게 괴롭혀도 화도 한 번 안 내고 대단해. 아직 처리하기 복잡한 일도 많을 텐데 실수도 거의 없고. 나도 김 주임처럼 앞으로 체계적으로 일하는 습관을 들여 봐야겠다.

'그 사람' 김계산 주임은 마음그림표의 다섯 가지 마음 상태 중 A(성인의 마음)의 성향이 우세하게 높은 사람이다. A가 높을수록 합리적이며 이성적이고 객관적인 판단력을 갖고 있다고 볼 수 있다. 업무를 하는 데 있어서도 계획적으로 신중하게 임하는 자세로 높은 성과를 낼 수 있는 특징이 있다. A가 높은 사람은 다른 사람을 대할 때에도 감정에 치우치지 않고 설득하고 타이르는 태도를 보이기 때문에 마찬가지로 상대방도 현실적으로 받아들이고 조율할 수 있는 상태를 만들어 줄 수 있다. 단 극단적으로 높은 경우에는 다른 사람들 눈에 계산적이고 지나치게 이해타산적인 냉정한 사람으로 비춰질 수 있으니 주의해야 한다.

반면에 A가 낮을수록 사리분별력이 부족하여 사실적으로 일처리를 하는 데 어려움을 겪을 수 있고 부하직원이나 자녀에게도 정확한 방향 제시를 하지 못하여 혼란을 줄 수 있어 상대로부터 신뢰를 얻기가 어려울 수 있다.

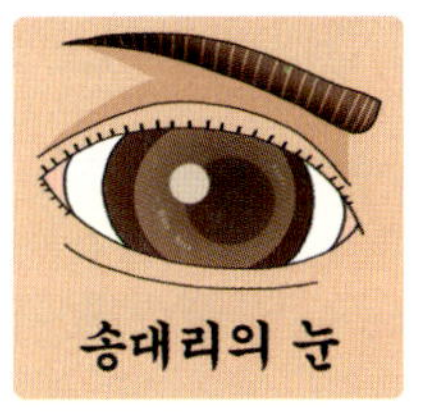

송대리의 눈

요즘 애들은 왜 이렇게 버릇이 없는지 모르겠다. 이제 입사한 지 3개월밖에 안 된 녀석이 내가 몇 마디 좀 했다고 뛰쳐나가? 어이가 없어서 정말……. 그래놓고 금세 들어와서 아양을 떨지 않나, 누굴 갖고 노는 거야 뭐야?

시끄럽게 사무실에서 조잘조잘 떠들고 웃고 상사한테도 제 친구한테 하듯 하고, 윗사람 무서운 줄 모르고 저렇게 방정 떨다가 큰 코 다쳐 봐야 정신 차리지. 쯧쯧.

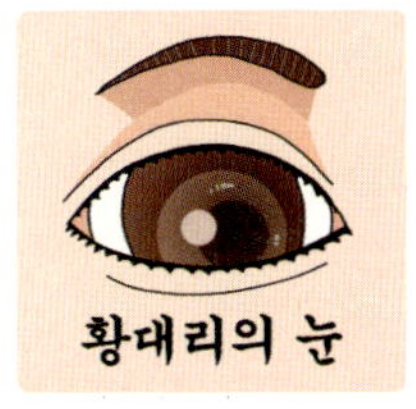

황대리의 눈

우리 막내 나개방 씨, 귀여워 죽겠다. 개방 씨가 들어온 후로 사무실이 생기발랄해진 것 같아서 너무 좋다. 뭐든지 호기심 가득해서 반짝반짝 눈을 빛낼 때면 콱 깨물어 주고 싶다니까! 격의 없이 친근하게 대해 주니 내

맘도 편하고, 어쩜 저렇게 애교도 많은지. 나이 차이도 얼마 안 나는데 친구 하자고 할까? 하하하!

◆　◆　◆

　‘그 사람’ 나개방 사원은 마음그림표의 FC(자유로운 아이의 마음)의 성향이 가장 우세하게 높은 사람이다. FC가 높을수록 호기심이 많고, 직감적이며 적극적인 행동을 하는 특성이 강하다. 자신의 감정을 충분히 표현하여 상대방으로부터 솔직한 사람이라는 인상을 주고 항상 밝은 모습을 보여주며 다른 사람들에게도 인기가 많은 사람일 것이다. 그러나 때로는 좋고 싫음이 명확하고 반항적인 모습도 보이며 자신이 내키는 대로 자유롭게 행동하는 경우가 많아 받아들이는 사람에 따라서는 감정표출이 과해서 거북하다고 느낄 수도 있다.

　반면에 FC가 낮을수록 정신적으로 위축되어 있어 인생을 즐기거나 쾌활한 생활을 하기가 어려울 것이다. 자칫 주위 사람들로부터 어두운 사람으로 인식될 수 있으니 주의해야 한다.

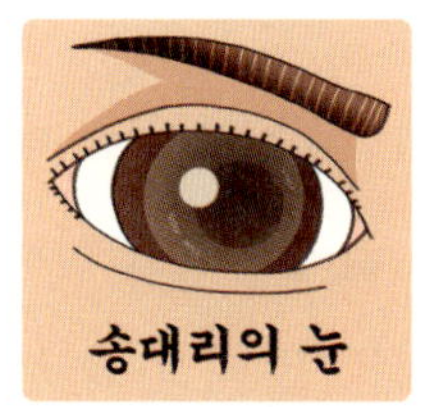

송대리의 눈

노거절 씨는 입사한 지 6개월이나 됐는데 아직도 뭐 하나 혼자서 해결하는 게 없다. 하나부터 열까지 전부 다 물어보고 대답을 해줘야만 해결을 하니 속이 터져 죽겠다. 내가 특별히 어려운 걸 시킨 것도 아닌데 그냥 좀 자기 생각대로 딱딱 처리해서 갖다 주면 안 되나? 하루 종일 책상에 코 박고 그렇게 열심히 하고 야근도 자주 하면서 도대체 뭘 하는 건지 모르겠다. 뭐라고 하면 완전 상처받은 표정으로 앉아 있으니 말도 못하겠고……. 시키는 건 또 잘 하니 더 뭐라고도 못하겠고. 아이고~ 머리야.

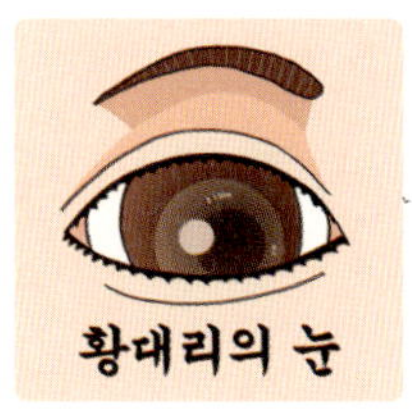

황대리의 눈

우리 팀 노거절 씨는 항상 다른 사람의 생각을 먼저 들어주고 양보해주는 착한 사람이다. 한 번도 자기주장을 하면서 언성 높이는 걸 못 봤고 부탁하는 일마다 잘 들어주는 고마운 사람인 것 같다. 지난번엔 부장님이 좀 무리하게 서류정리를 시키신 것 같은데도 한마디 불평 없이 하루 만에 다 해서 올리고. 항상 사람들 뒤에서 도와주면서 티도 잘 안내는 노거절 씨. 그야말로 성인군자가 따로 없다.

'그 사람' 노거절 사원은 마음그림표의 AC(순응하는 아이의 마음)의 성향이 우세하게 높은 인물이다. AC가 높을수록 다른 사람의 의견에 순응하며, 자신의 감정을 자제하고 타협하는 것이 생활화되어 있을 것이다. 자신이 하기 버거운 일이라도 상대방의 기대에 부응하기 위해 기꺼이 희생하며 노력하고, 다른 사람의 기분이나 말에 신경을 쓰며 과민하게 반응하는 경우가 많다. 그러나 상대방의 눈치를 보다 보니 자신의 방식대로 무엇인가를 하기보다는 상대의 뜻대로만 하다가 자칫 의존적이 될 수도 있고 어려운 일이나 하고 싶지 않은 일을 맡게 되었을 때는 회피하고자 하는 마음이 생겨 시간을 지연시키는 경우도 있다. 또한 AC가 극단적으로 높을 경우 상대방을 제멋대로인 사람으로 만들게 될 수 있으니 주의해야 한다.

반면에 AC가 낮을수록 독선적이고 자기중심적인 성향을 보인다. 주위를 전혀 의식하지 않고 행동이나 말을 하기 때문에 점점 인간관계가 어려워질 수 있다.

'그 사람' 이 아니라 당신의 '눈'을 바꿔라.

권위적이고 강압적인 힘 있는 리더는 최고의 리더인가, 최악의 리더인가?

따뜻하고 이해심 많은 상사, 뭐든지 다~ 해주는 상사! 고마운 사람인가, 바보 같은 사람인가? 컴퓨터처럼 냉철한 판단을 하는 똑 부러진 그가 부러운가, 얄미운가? 자유분방하고 톡톡 튀는 팀원이 우리 조직에 있다면 그는 조직의 독이 될까, 약이 될까? 다른 사람의 의견에 귀 기울이고 자기 주장 없는 그는 순한 사람인가, 답답한 사람인가? 과연 당신의 눈은 '송 대리'의 눈인가, '황 대리'의 눈인가?

어떤 마음그림표 모양이든 각각 장점과 단점을 모두 갖고 있다. 송 대리는 상대방의 단점만을 보는 눈을 갖고 있고 황 대리는 상대방의 장점만을 보는 눈을 갖고 있다. 무엇이 문제인가? 문제는 바로 당신의 '눈'인 것이다.

Advice 나의 마음그림표를 알아보는 것은 단순히 나의 마음 상태가 어떤지에만 초점을 두고 보는 것이 아니라 자신의 마음 상태에 대한 특징을 알아보고 불안정한 부분은 개선하는 것에 중점을 두어야 한다. 물론 나의 주위에도 많은 황 대리가 있겠지만 또 수많은 송 대리도 있을 것이다. 그렇다면 그들에게 "너의 눈이 잘못 되었으니 눈을 바꿔라!"라고 말할 것인가? 모든 사람들이 이 글을 읽고 다 같이 눈을 바꿔준다면 문제가 없겠지만 현실은 그렇지 않기 때문에 당신이 그들에게 맞춰 주는 방법밖에 없는 것이다. 그것이 바로 사람의 마음을 움직이는 기술이다.

나의 눈은 바꾸되 상대의 눈은 바꾸려 하지 말고 그 눈에 나의 단점이 보이지 않도록 내가 바뀌어보자. 거울을 보며 옷매무새를 가다듬고 밝은 표정을 지어 보이는 연습을 하듯이 나의 마음그림표를 보면서 내 마음 상태에 대한 점검을 하고 조금 더 좋은 방향으로 수정하는 연습을 하는 것이 인간관계를 잘 끌어나가기 위한 노력의 시작이라고 할 수 있다. 송 대리의 눈에 보이는 다섯 명의 '그 사람'의 모습이 나에게도 있지는 않은지 되돌아보는 것은 어떨까?

2

이고그램 진단결과
일곱 가지 유형으로 살펴보기

01

착하디 착한 남자 박친절
(자기를 희생하는 N형 타입)

착하다, 친절하다, 따뜻하다, 모든 일을 다 떠맡아준다!
이런 사람들만 주변에 가득하면 그보다 더 평화로운 직장은 없다??

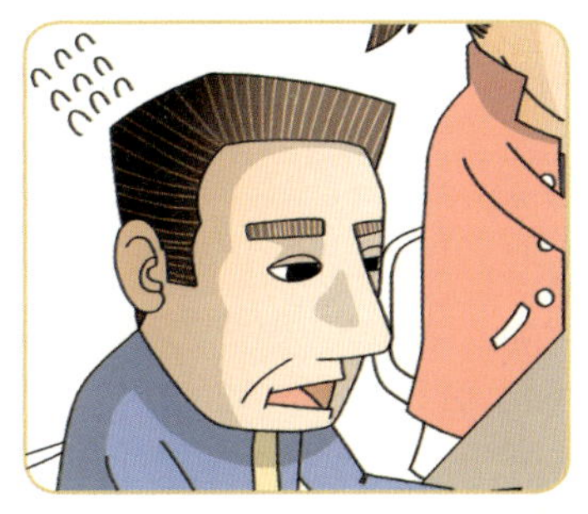

이름 박친절 (남)
업무 인사과 과장
근속연수 7년
취미 및 특기 회사의 모든 일 떠맡기

오늘도 박 과장은 혼자서 야근을 하고 있다. 나는 가끔 회사에서 처리할 일이 있어 늦은 시간까지 남아 있곤 하는데 그때마다 여지없이 인사과 박 과장이 일하고 있는 모습을 보게 된다. 언젠가 너무 과로하는 것이 아닌가 걱정되어 무슨 일을 그렇게 늦게까지 하는 것인지 물어보았더니 그는 그저 낮에 처리하던 일이 마무리가 안 되어 정리하고 있다며 오히려 빨리 처리하지 못해 죄송하다며 송구스러워했다.

그런데 지난달에 야근의 원인을 알게 되었다. 박 과장만 늘 바쁜 것이 이상하여 일주일간 인사부가 돌아가는 상황을 체크해 보니, 이런! 박 과장을 제외한 다른 직원들은 업무 시간에 잡담을 하거나 사적인 일을 보며 한가로이 시간을 때우고 있는 것이 아닌가! 금요일까지 보고서를 제출하라고 지시한 건이 있었는데도 불구하고 목요일까지도 직원들이 처리할 기미도 보이지 않다가 그날 밤 박 과장이 또 진땀을 흘리고 있는 것이었다. 이대로는 안 되겠다 싶어서 박 과장과 면담을 했더니, 직원들에게 피치 못할 사정이 무엇이 그리도 많은지 내내 직원들을 옹호하는 것이다.

휴……. 참 안타까운 일이 아닐 수 없다. 한 부서의 장으로서 공과 사를 명확히 하고 질책을 할 때는 해야 하는데 그저 오냐오냐하고 있으니 직원들은 점점 나태해져 가고 늘 자기 혼자만 바쁜 것 아닌가. 저리도 마음 약한 사람이 어찌 이 험한 세상을 살아갈지 안쓰럽기까지 하다. 하지만 우리 회사를 위해서라도 더 이상은 두고 보면 안 될 듯싶다. 내일은 다시 한 번 확실히 충고를 해야겠다.

◈　　◈　　◈

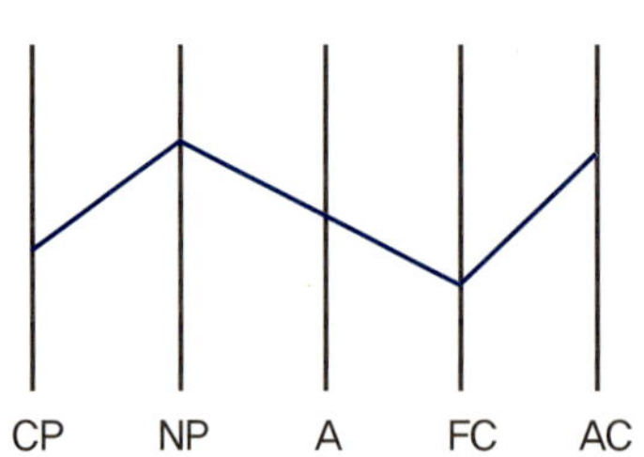

위에 등장하는 박친절 과장은 NP(보호적 부모의 마음)와 AC(순응하는 아이의 마음)가 높고 CP(비판적 부모의 마음)와 FC(자유로운 아이의 마음)가 낮은 N형의 인물로 전

형적인 '자기희생형'이라고 할 수 있다. 매사에 타인을 먼저 생각하고 배려함으로써 인간관계를 중시하는 경향이 강하다. 이렇듯 NP(보호적 부모의 마음)와 AC(순응하는 아이의 마음)가 높은 유형을 우리는 흔히 '사람 좋다'라고 표현한다. 하지만 이런 유형의 경우 각 항목의 수치에 따라 어느 정도의 차이는 있겠으나 지나치게 상대방 중심일 경우 타인에게 엄하게 대해야 할 사안에 대해서도 묵과하는 일이 많아 자신에게는 물론 타인의 성장에도 마이너스 요소가 될 수 있다.

N형은 이상적인 성격유형이라 할 수 있으나 CP(비판적 부모의 마음)와 FC(자유로운 아이의 마음)가 평균 이하로 낮게 나오고 NP(보호적 부모의 마음)와 AC(순응하는 아이의 마음)가 평균 이상으로 극심한 차이가 있는 모양일 경우 정에 지나치게 약해 타인에게 이용당하거나 사기의 대상이 될 수 있으니 주의하는 것이 좋다. 하지만 당신이 이런 유형의 상사나 동료, 부하직원과 함께 일을 하고 있다면 분명 해가 되기보다는 행운에 가까운 것이라고 생각해도 좋다. 왜냐하면 당신이 어려울 때 반드시 도움을 주며 든든한 친구가 되어주기 때문이다.

특히, 이 유형은 인생을 즐기는 것에는 큰 관심이 없어 유흥에 빠질 확률도 거의 없고 배우자에게 충실할 사람으로 만일 이성이라면 인생의 동반자로 깊이 생각을 해 보아도 좋을 사람이다. 단지 너무 베풀기만 하고 손해 보는 삶을 살지 않도록 적당히 제지해야 할 필요는 있을 것이다.

인생은 즐겁다.

　　이런 유형은 자신의 감정을 자유롭게 표현하지 못해서 스트레스가 생길 수 있으니 감정표현의 연습을 해 보는 것이 좋다. 무엇을 하든 호기심을 갖고 적극적인 자세로 행동하고 즐거운 상상, 재미있는 오락이나 취미 등을 즐겨 보라. 유머집이나 개그 프로그램 같은 것을 보며 농담을 익혀 보는 것도 좋다. 생각나는 대로 이야기하고 행동하는 것이 처음에는 익숙하지 않겠으나 차츰 익숙해지면서 인생의 재미를 찾을 수 있을 것이다. 우유부단함 때문에 세파에 흔들리는 일이 없도록 자신을 더욱 사랑하고 강하게 만들어가는 것이 중요하다.

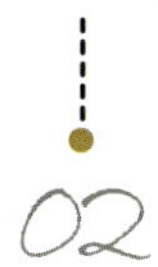

우리 회사 행동대장 김행동
(자기중심적이지만 혁신하며 행동하는 역N형)

동에 번쩍! 서에 번쩍! 마치 가득 충전된 로봇처럼 멈출 줄 모르는
에너지를 가진 사람과 함께 일을 한다면 신명날 것인가? 피곤할 것인가?

이름 김행동 (남)
업무 영업부 대리
근속연수 3년
취미 및 특기 아찔한 운동

영업부 김행동 대리는 언제나 힘이 넘친다. 마치 고속
열차처럼 앞으로 쭉쭉 나가는 모습에 주변 사람까지 힘
을 받는다. 지금 회의를 시작한 지 1시간째. 적극적으로
안건을 제시하고 자신의 생각을 주장하는 모습을 보이
는 사람은 김 대리밖에 없는 것 같다. 과장, 부장들 앞에서 어찌 저리도 주눅
들지 않고 당당한지 참으로 신기한 인물이다.

어이~ 박 과장, 당신은 아무 의견도 없는 거야? 이봐~ 이 부장, 무슨 이야기 좀 해보지 그래? 그래, 그나마 최 부장은 입을 여는군. 음. 꽤 괜찮은 의견이군 그래.

응?? 김 대리가 갑자기 왜 끼어들고 그러지? 어라? 허허, 거참. 당돌하네. 감히 부장 말에 겁도 없이 비판을 하네? 안 되겠다, 내가 좀 중재를 해야겠군.

"김행동 대리, 자네 의견도 참 기발하고 좋은데 최 부장 의견도 일리가 있는 것 같으니 자세히 좀 들어보는 것이 좋겠네. 최 부장, 이야기하게."

김 대리는 자기주장이 강한 것은 알고 있었지만 끝까지 본인 말만 옳다고 한 적이 한두 번이 아니다. 물론 최종 결정은 내가 하지만 말이다.

그나저나 오늘은 회식을 하기로 한 날이니 일찍들 정리하라고 하고 직원들 사기충전이나 해줘야겠다. 그러고 보니 이런 자리에서는 김 대리가 없으면 분위기가 썰렁해질 수 있지. 오늘도 우리 회식의 분위기 메이커 김 대리에게 힘을 실어 주어야지.

우리 회사 에너자이저 김 대리, 화이팅!

◆　◆　◆

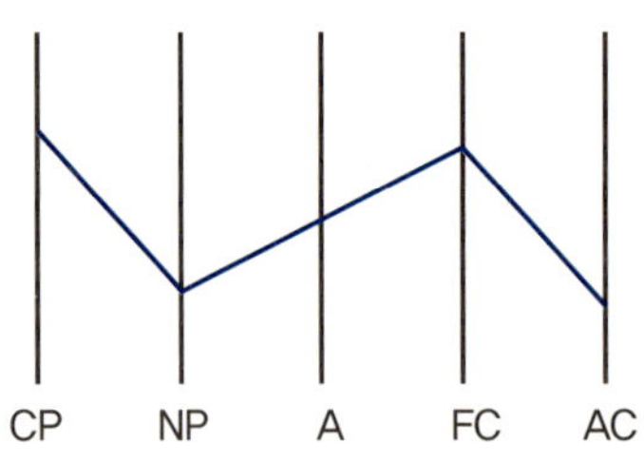

위에 등장하는 김행동 대리는 CP(비판적 부모의 마음)와 FC(자유로운 아이의 마음)가 높고 NP(보호적 부모의 마음)와 AC(순응하는 아이의 마음)가 낮은 역N형의 인물로 자기중심적인 성향이 강하고 활발하며

행동이 앞서는 유형이다. 이 유형은 타인에게 비판적인 성향이 강하고, 자신이 하고자 하는 대로 밀어붙이는 강한 의지를 갖고 있으며 타인에 대한 배려가 다소 부족한 면이 있다. 누군가를 위해서 희생하거나 눈치를 보는 일 등은 하고 싶어 하지 않아 자칫 '제멋대로'라는 인상을 주기도 쉽다.

반면에 다른 사람이 자신에게 격 없이 대하거나, 옳지 않다고 생각되는 대우를 할 경우에는 가차 없이 자르는 경우가 많아 갈등이 빚어지는 경우가 종종 있다. 그러나 많은 마찰이 있는 것에 비해 의외로 적(敵)은 그리 많지 않을 수 있다. 왜냐하면 특유의 천진난만함으로 분위기를 살리거나, 조직 전체의 에너지를 불어 넣는 역할도 하기 때문이다.

이런 유형의 상사와 밀접한 관계로 일을 하고 있다면, 그의 편에 서는 것이 어쩌면 성공의 지름길이 될지도 모른다. 경쟁에 있어 뛰어나며 추진력을 갖고 있는 유형이므로 함께 한다면 같이 승자의 테두리 안에 있을 수 있다. 또한 직원의 실수나 잘못에 대해 엄하게 질책하므로 그의 팀원은 강해질 수 있다. 이러한 상사를 만나는 것은 스스로에게 채찍질하며 업무를 배워갈 수 있는 기회가 될 것이다.

그러나 동료나 부하직원이 이런 유형이라면 다소 피곤할 수 있다. 다루기가 결코 쉽지 않은 타입이기 때문이다. 자신의 욕망을 우선시하는 타입이라 당신이 강하게 누르려고 한다거나 과중한 업무를 준다면 참지 못하고 도망가 버릴 가능성도 높다. 이러한 직원에게는 어느 정도의 권한 위임을 하면서 믿고 맡기는 것이 업무의 효율을 올려 줄 것이다.

따뜻한 마음을 키워라.

늘 에너지가 넘치는 당당한 유형인 역N형의 사람들은 주변 사람들에게 조금 더 관심을 가지는 노력을 하는 것이 좋다. 타인의 장점이 무엇인지 살펴보고 칭찬해 주거나 어렵고 곤란한 일을 겪고 있지는 않은지 세심하게 신경 써서 위로나 격려를 해주는 연습을 한다면 분명 조직 내 최고의 인기맨이 될 수 있을 것이다. 또, 작은 일에는 관대하게 넘어가는 아량을 키우는 것이 좋다. 세상은 혼자 살 수 있는 곳이 아니므로 다른 사람을 향한 이해심과 동정심은 반드시 필요한 요소이다. 늘 상대방의 입장에서 생각하고 행동하도록 하자.

03

스트레스를 안고 사는 워커홀릭 최보수
(보수적이며 신중한 타입, 스트레스를 안고 사는 W형 타입)

일을 좋아서 하는 사람이 몇이나 될까?
평소 일밖에 모르는 사람이라는 평을 듣는 사람들의 진실 혹은 거짓!

이름 최보수 (남)
업무 총무부 부장
근속연수 10년
취미 및 특기 독서

올해로 벌써 최보수 부장이 근무한 지 10년이 되었다. 장기근속 포상으로 열흘간 휴가를 주었는데 오늘 5일 만에 출근을 했다. 왜 휴가를 주었는데도 스스로 조기출근을 했는지 연유가 궁금하여 물었더니, 회사에 나오는 것이 마음 편하고 일하는 것이 더 좋다고 한다. 딱히 휴가를 즐기거나 집에서 할 일이 별로 없다는 것이다. 평소에 참 열심히, 부지런히 일을 하는 사람이긴 하지만 그래도 참 알다가도 모를 일이다. 최 부장은 10년을 보아왔지만 어떤 모습이 진짜인지 모르겠다. 어떤 때는 굉장히 냉철하고 다부진 사람 같다가도 어떤 때에는 매우 소극적이고 우유부단해 보이기도 한다.

지난번 회의 시간에도 그렇지. 김 대리와 잠깐 의견충돌이 있어서 크게 부딪칠 줄 알았는데 금세 꼬리를 내리고 김 대리의 의견을 수긍하는 것도 모자라 눈치까지 보는 느낌이라니……. 그래도 우리 최 부장이 참 꼼꼼하고 실수 없이 일을 잘하긴 한다. 10년 동안 이렇다 할 사고 한 번 없이 총무부를 그렇게 잘 끌어온 것 보면 참 든든한 파트너다.

그런데 저렇게 쉴 틈 없이 일만 하다가 스트레스 너무 받아서 제풀에 지쳐 떨어지는 것은 아닌가 모르겠다. 늘 얼굴에 무엇인지 모르게 그늘이 져 있는 것 같기도 하고. 다른 부서장들은 서로 만나서 술도 한잔씩 하고 그러는 것 같은데 최 부장은 영~ 끼지도 않는 것 같다. 오늘은 부서장들 모두 불러서 술이나 한잔 해볼까?

◆　◆　◆

위에 등장하는 최보수 부장은 CP(비판적 부모의 마음)와 A(성인의 마음), AC(순응하는 아이의 마음)가 높고 NP(보호적 부모의 마음)와 FC(자유로운 아이의 마음)가 낮은 W형의 인물로, 타인 비판이나 비난의 감정이 강하면서도, 순응성 또한 높아 마음속에 있는 비판을 겉으로 표출

해 내지 못하고 항상 스트레스를 안고 사는 유형이다. 다른 사람을 배려하는 방법이나 인생의 즐거움도 잘 몰라 오로지 일에만 몰두하는 경향이 강해 자칫 과로를 하게 될 가능성도 높다. 어쩌면 '주위 사람들에게 인정받고 싶다'라는 무의식의 외침으로 인해 힘들고 고통스럽더라도 참고 있는지도 모른다.

한순간이라도 마음 편하게 본인이 하고 싶은 대로 행동을 잘 하지 못하므로 늘 마음속에서 갈등을 하고 있으며, 그런 것들이 표정으로 나타나 다른 사람들이 보기에는 자칫 암울하고 차갑다는 인상을 받을 수도 있다. NP(보호적 부모의 마음)와 FC(자유로운 아이의 마음)가 함께 낮다는 것은 인간관계에 있어 즐거움이나 따뜻함을 찾지 못하고 있다는 것이므로 그것을 찾는 것이 중요하다.

이런 유형의 상사와 일을 하고 있다면, 회사생활을 쉽게 할 수 있을 것이라는 생각은 하지 않는 것이 좋다. 겉으로 표현을 잘 하지 않아서 그렇지 머릿속에는 굉장히 뛰어난 판단력과 냉철함, 그리고 엄격함을 갖고 있는 사람이므로 어영부영 일을 하다가는 무능력한 직원으로 낙인찍힐 수 있기 때문이다. 이 유형의 상사가 업무지시를 내렸다면 실수 없이 꼼꼼하게 처리하고 신속하게 보고하는 것이 좋다.

만일 이런 유형이 부하직원으로 있다면, 세밀하고 체계적으로 일을 잘 해낼 것이다. 그러나 공적인 일이 아닌 사적으로 타인을 배려하거나 도움을 주는 일 등은 기대하지 않는 것이 좋으며 부하직원 스스로 열등감에 빠지거나 자학하는 모습을 보이면 잘 끌어 주어야 한다. 인생의 선배로서 삶의 즐거움에 대해서도 가르쳐 주어야 하며 스트레스를 함께 나눌 수 있도록 마음의 여유를 베풀어야 원만한 관계를 유지할 수 있다.

열등감에서 빠져 나와라.

스스로 자신을 비판하며 열등감에 빠져 있지는 않은가? 그런 열등감 속에서는 절대 세상을 밝고 즐겁게 살아갈 수 없다. 이성적인 두뇌는 항상 타인의 잘못된 부분을 비판하고 질책하고 있는데 결국은 소심하게 상대에게 맞추고 있는 자신의 모습에 스스로도 화가 나는 일이 많을 것이다. 그리고는 늘 내 뜻대로 되지 않는다며 책망하고, 갈등하고, 좌절하게 될 것이다. 먼저, 스스로를 가둬 놓은 틀에서 빨리 빠져나와야 한다. 그리고 자신의 감정과 느낌을 표현하고 다른 사람들과 유쾌한 관계를 가져갈 수 있도록 노력하며 자신이나 타인 모두에게 따뜻한 마음을 가지도록 노력해야 한다.

천진난만 천방지축 한재미
(명랑 쾌활, 건성건성 M형 타입)

개그맨 뺨치게 웃기고, 노는 것이라면 둘째가라면 서러운 사람!
이런 사람이 친구라면 200% 환영!! 그런데 우리 직원이라면?

이름 한재미 (여)
업무 품질 관리부 사원
근속연수 3개월
취미 및 특기 컴퓨터 게임 만능

지난 분기에 참 재미있는 직원이 한 명 입사했다. 들어오자마자 인사를 한답시고 온 사무실을 휘젓고 다니며 발을 넓히지 않나, 이번 체육대회에서는 스스로 오락부장을 자처해 사회를 보면서 분위기 메이커 역할을 하질 않나. 한재미 씨가 입사한 후로 품질관리부에 웃음이 끊이질 않는 것 같다.

엔도르핀 같은 직원이긴 하지만 문제가 없는 건 아니다. 참 고민스러운 부분이 아닐 수 없는 것이 부서장이 올린 보고에 의하면 해당 부서에서 일을 하기엔 어려운 점이 많다고 한다. 부서 이동을 시켜야 하는 것인지 재교육을 확실히 시키라고 해야 하는 것인지…….

품질관리부는 신중하고 정확하게 검사를 해야 하는데 한재미 씨는 조금 덜렁거리는 성격이고, 흥이 나서 일했다가 하기 싫으면 건성건성 일했다가 하는 바람에 실수가 잦은 편이라고 보고가 올라왔다. 퇴근시간이 되면 당일 업무를 완벽히 끝내지 못한 상태로 칼퇴근을 해버리는 경우도 종종 있다고 하는데, 말을 하면 그 자리에서는 알겠다고 대답하고 며칠이 지나면 같은 행동을 또 반복한다고 한다. 참 이러지도 저러지도 못하고 골치가 아프다. 혹시 부서장의 기준에서만 그런 것인지 한번 지켜봐야 할 것 같다.

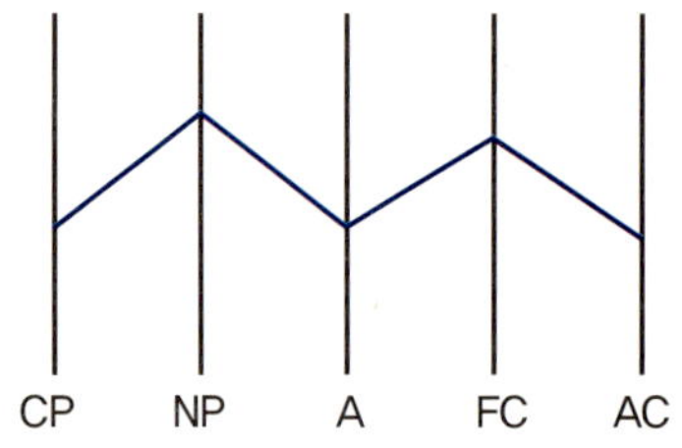

위에 등장하는 한재미 사원은 CP(비판적 부모의 마음)와 A(성인의 마음), AC(순응하는 아이의 마음)가 낮고 NP(보호적 부모의 마음)와 FC(자유로운 아이의 마음)가 높은 M형의 인물로 다른 사람들과의 관계나 인정에 약하면서 눈치는 보지 않는 자유분방함을 지닌 유형이다. '인생은 즐기는 것'이라는 말을 삶의 모토로 삼을 만큼 자신의 즐거움이 속박당하는 것을 싫어하며 무엇인가를 계획하고 치밀하게 계산하는 것에 익숙하지 않다. 현실적인 실리에 중점을 두지 않기 때문에 때로는 남에게 이용당하기도 하고 스스로를 절제하지 못해 문제가 될 소지를 안고 있다.

그러나 성격 자체가 천진난만하여 이해타산적인 면이 없고, 그래서 미움을 사는 일은 별로 없다. 또한 자신에게 솔직하고 허영이 없어 주변 사람들에게 부러움을 사기도 하는 장점을 가지고 있다. 이러한 유형은 조금 더 높은 이상을 가지고 그것을 이루기 위해 노력해야 좀 더 풍요로운 삶을 기대할 수 있다.

이런 유형의 상사가 있다면, 굉장히 즐겁고 순조로운 회사생활을 할 수 있다는 장점은 있다. 항상 직원들을 배려하고, 속내를 숨기는 일 없이 모두 보여주며 친밀한 관계를 할 상사이기 때문이다. 다만 뛰어난 성과를 내거나 타 부서와 비교해 경쟁력이 뛰어나기는 힘들기 때문에 구성원들이 모자란 부분을 채워준다면 더없이 좋은 분위기가 될 수 있을 것이다.

만일 부하직원이 이 유형이라면 일에 있어서 흥미를 잃지 않도록 관리해 주며 꾸준히 업무진행이 되어가고 있는지 점검해야 한다. 이런 유형은 회사 내의 딱딱한 분위기를 풀어줄 좋은 직원으로 자리 잡을 수 있으니 조금은 풀어주며 너무 재촉하지 말고 관대하게 대해 주어야 신나게 일을 하며 성과를 낼 것이다.

A의 수치에 주의하라.

같은 M형이라도 A(성인의 마음)의 수치가 중간 정도인 것과 바닥에 위치하고 있는 것은 완전히 다른 성향을 보일 수 있다. A(성인의 마음)의 수치가 중간 정도인 M형은 굉장히 명랑하고 낙관적인 유쾌한 유형으로 볼 수 있겠지만

A(성인의 마음)의 수치가 극단적으로 낮으면 문제가 발생한다. 지나치게 비현실적이고 무계획적으로 생활을 할 가능성이 높아지기 때문이다. 그러다 보니 일을 할 때에도 책임감이 부족하고 매사에 정확하지 못한 사람으로 인식되어 신뢰를 받기가 어려워지는 것이다. 그러므로 아주 낮은 수치의 A(성인의 마음)를 지닌 M형이라면 항상 현실에 근거하여 정확한 판단을 하는 습관을 들이는 것이 매우 중요하다. 감정적으로 치우친 행동을 하여 일을 그르치기 전에 자신을 제어하도록 하며, 일처리를 하는 데 있어서도 즉흥적으로 처리하기보다는 한 번 더 생각하고 결정하는 연습을 해야만 실수를 줄일 수 있다.

05

놀기도 잘하고 일도 잘하는 윤활력
(에너지가 충만한 −형 타입)

일 잘하는 사람이 노는 것도 잘한다.
일이면 일, 놀이면 놀이 어느 것 하나 빠지지 않는 만능 재주꾼! 그의 비법이 궁금하다!

이름 윤활력 (여)
업무 기획부 주임
근속연수 1년 6개월
취미 및 특기 수영

어디 보자. 이번 진급 대상자들이 누가 있나? 윤활력 주임? 이 사람 벌써 대리 진급을 할 때가 되었나? 아직 시기적으로는 이른 것 같은데, 기획부장이 강추하는군. 하긴 윤 주임만큼 일 잘하고 분위기 잘 맞추고 성실한 사람도 드물지. 지난번 신제품 기획도 윤 주임이 거의 맡아서 했다지 아마? 맞아, 그때 PT도 윤 주임이 했었지. 당당하면서도 부드럽게 사람들의 눈길을

끄는 재주가 뛰어나더군. 과장, 부장도 입이 마르게 칭찬하고 신입사원들도 잘 보살피고 가르쳐 준다고 하네. 입사했을 때부터 눈에 띄는 인재다 싶었는데 이렇게 많이 성장했군. 하하!

그렇게 열심히 일하면서도 이것저것 취미로 하는 활동도 많다고 하던데 정말 대단한 사원이란 말이야. 사내 동호회 활동도 아주 열심히 하고. 볼링 동호회였지 아마? 언제 그렇게 많은 걸 배우고 즐기고 하는지 하루 24시간도 부족한 사람인 것 같네. 사람이 한 번에 여러 가지 일을 다 잘한다는 것이 결코 쉬운 일이 아닐 텐데 말이지. 아직 어리긴 해도 분명 타의 모범이 될 만한 사람이 확실해!

이번 체육대회 기획도 총괄로 준비해 보라고 맡겨볼까? 꼼꼼하고 기획력도 뛰어나니 분명 비용도 최소화하고 직원들 참여도 잘 끌어낼 것 같은데 말이야. 앞으로 잘 지켜보아야 할 인재 중의 인재야!

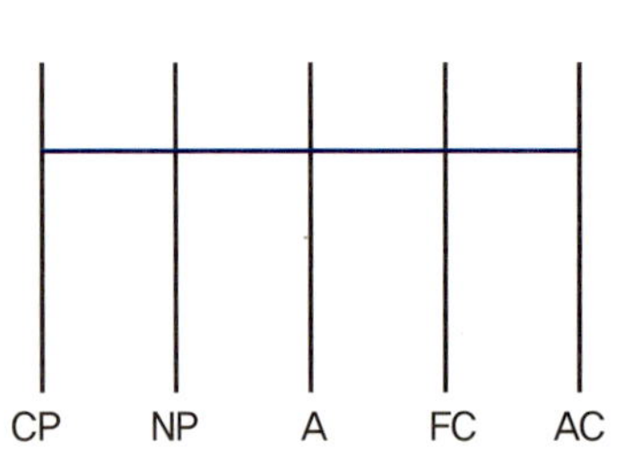

위에 등장하는 윤활력 주임은 CP(비판적 부모의 마음), NP(보호적 부모의 마음), A(성인의 마음), FC(자유로운 아이의 마음), AC(순응하는 아이의 마음)가 모두 높은 위치에서 일직선을 이루는 인물로, 전체적으로 개성이 강하고 많은 에너지를 발산하는 유형이다.

이러한 유형은 자신의 가치관이나 목표의식이 뚜렷하고 자신에게 엄격한 면을 갖고 있으면서도 상대방을 배려하거나 도와주고자 하는 마음도 강하고 희노애락의 감정표현 또한 풍부하다. 그러면서도 다른 사람들에게 잘 보이고자 하는 욕구도 강해 적절히 조절하며 생활을 할 줄 아는 그야말로 다재다능한 사람이다.

이 유형은 두뇌까지 비상하여 모든 사물과 상황을 판단할 때 합리적이고 현실적으로 생각하여 결정하는 경우가 많다. 타인에게 하는 행동이나 말에 있어서도 편견을 갖고 적대시하거나, 무시하거나, 이치에 맞지 않는 모습은 보이지 않으므로 모든 사람들에게 인기가 있을 것이다. 융통성 있게 상대에게 맞출 줄 알며 때에 따라서 자신의 의견을 강하게 밀어붙여 일을 추진하는 모습도 볼 수 있다.

이런 유형의 인물이 직장 내에 있다면 상사이든 부하직원이든 120% 도움이 될 것이다. 그러나 이것은 일직선이 높은 위치에서 그려질 때의 경우이며, 만일 낮은 위치에서 일직선이 그려지는 유형이라면 사회생활을 하는 데 있어서 곤란을 겪을 수 있다. 책임감이나 타인배려, 인정을 무시하고 타인의 눈 따위는 아랑곳하지 않으며 정확한 판단력도 부재한 경우이기 때문이다.

감정표현에 솔직하라.

이 유형은 특별한 단점을 찾기 어려울 만큼 많은 장점과 높은 에너지를 지녔다. 굳이 단점이라면 때때로 타인의 입장과 기분을 과하게 배려하는 것 정도가 있을 것이다. 주위 사람들을 잘 보살펴 주기는 하지만 가끔 상대방이 원하는 방향이 아닌 내 방식대로의 보살핌을 하려는 부분이 없지 않아 있는 편이다. 본인이 스스로 자신의 장단점을 잘 파악하고 있기 때문에 문제가 될 만큼의 단점이라고는 볼 수 없지만 만일 변화하고 싶다면 자신이 느끼고 있는 감정과 주장을 항상 솔직하게 표현하는 연습을 해보는 것이 좋다. 많은 사람들의 입장을 살피다가 자신의 화나 좋지 않은 감정을 속으로 억누르는 경향이 있어 자칫 잘못된 방향으로 표출될 수 있기 때문이다.

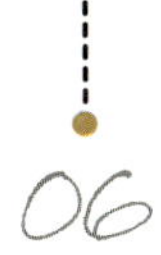

흔들림 없는 뿌리 깊은 나무 민완고
(가부장적인 아버지의 모습을 가진 ㄴ형)

우직하고 뚝심 있는 사람은 든든하다. 하지만 거기까지.
감성이 중요한 시대, 자신의 감정을 바르게 인식하고 표현하라!

이름 민완고 (남)
업무 재정부 과장
근속연수 8년
취미 및 특기 바둑

어제 오랜만에 전체 회식을 했더니 온몸이 다 피곤하다. 각 부서별 회식자리로 이동하면서 술 한 잔씩 다 받아 주었더니 꽤 많이 마신 것 같다. 그래도 많은 직원들과 이런저런 이야기도 하고 애로사항도 들어볼 수 있는 시간이었던 것 같다. 대부분 직원들이 힘든 점 이야기해 보라고 하면 없다고들 하는데 왜 없겠어. 말을 못하는 것뿐이지. 그런데 재정부 황 대리가 술이 좀 취했는지 과장에 대한 불만을 털어 놓았다. 평소 민 과장을 보며 너무 권위적으로 직원들을 잡는 건 아닌가 걱정이 되긴 했는데 그게 불만이었나 보다.

회식자리인데도 다른 부서들보다 좀 무거운 분위기였다고 할까? 아무튼 전체적으로 직원들이 다 침체되어 있는 것 같아 보이긴 했다. 무엇이 그리 불만이냐고 직원들에게 물었더니 과장과 의사소통이 안 된단다. 분명히 더 효과적으로 업무 처리를 할 수 있는 방법을 제안했는데도 불구하고 기존에 과장이 하던 방식 그대로를 고수하고 직원들 의견은 들어 주지 않아서 섭섭하고 힘들다고 한다. 동료들하고 퇴근 후에 술 한잔하려고 하면 "내일 일해야 하는데 무슨 술이냐."며 업무에 지장 있으니 휴일 전날이나 마시러 가라고 하고, "술자리도 좀 갖고 그래야 활력도 생기고 스트레스도 풀죠." 하고 말했더니 다 너희들 생각해서 그러는 거라며 딱 잘라 말을 하니 점점 자연스럽게 과장 몰래 직원들끼리만 약속을 잡는 일도 많아졌다고 한다.

민 과장 이사람, 일도 좋지만 너무 직원들을 닦달하면 통솔은커녕 오히려 따돌림을 당하게 될 텐데 왜 그걸 모르는지……. 불러서 이야기를 좀 해봐야 하나 어쩌나 고민이다.

◆　　◆　　◆

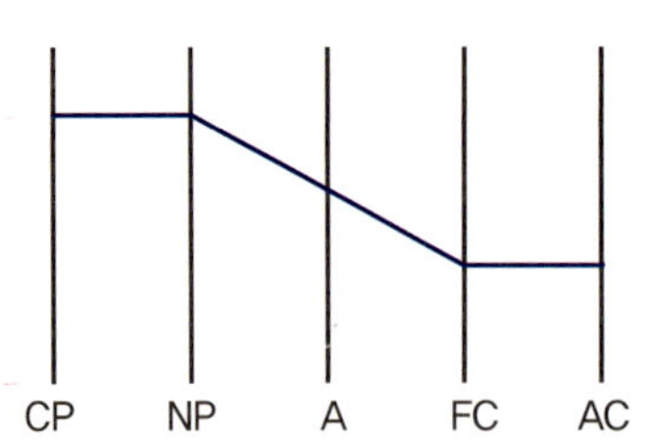

민완고 과장은 CP(비판적 부모의 마음)와 NP(보호적 부모의 마음)가 매우 높고 A(성인의 마음)와 FC(자유로운 아이의 마음)로 흘러내려오는 계단형의 인물로, 가부

장적이며 완고한 아버지와 같은 느낌의 유형이다. 이러한 유형은 질서와 도덕정신이 투철하여 정해진 규칙이나 틀 안에서만 행동하고 생각하려는 경향이 강하다. 또한 목표의식이 강하고 추구하는 이상이 높아 다른 사람들에게는 움직일 수 없는 커다란 바위처럼 느껴져 무겁고 어려운 사람으로 인식되기 쉽다. 인간관계에 있어서 가장 중요한 덕목으로 꼽을 수 있는 소통과 유연성이 부족하여 자신이 정해 놓은 높은 기준 안에서 상대방을 움직이려 하며 고집이 강한 편이라 한번 정한 것은 쉽게 꺾으려 하지 않으니 상대방은 더 이상 접근을 하지 않고 피해 버리고 만다.

이런 유형의 상사가 있다면 부하직원들은 상사의 지시에 무조건 '네, 알겠습니다.'라고만 하고 회피를 하려는 마음이 생길 수 있으며 일 외적인 교류는 하지 않으려 할 것이다. 그러나 이 유형의 내적 모습을 살펴보면 타인의 입장을 생각해서 배려하고 이해하려 애쓰는 모습도 많다. 그래서 상대방을 위한 쓴소리도 해주며 보살펴 주려고 하는 것이다. 다만 권위적이고 독단적인 외적 모습 때문에 상대방의 입장에서는 그것이 보살핌이나 배려가 아닌 간섭과 잔소리로 느껴지는 것이다.

많은 사람들과 교류하라.

겉으로 감정을 표현하는 것이 가볍고 철없는 행동이라고 생각하는가? 만약 그런 생각을 갖고 있었다면 과감하게 버리기 바란다. 지금은 감성이 중요한 시대이다. 자신의 감정을 잘 알고 표출할 줄 알며, 타인의 감정을 파악해서 보듬어 줄줄 알아야 성공하는 시대인 것이다. 인생을 살아가는 데 있어서는 즐겁고 유익한 일도 많다는 것을 기억하고 모든 일에 흥미와 호기심을 갖고 다가가 보라. 그런 일들을 다른 사람들과 어울려 함께 즐겨보고 끊임없이 대화하며 마음을 교류하는 것이 필요하다. 그래야만 딱딱하게 경직되어 있던 머리와 가슴이 자연스럽게 풀어지면서 일을 할 때도 창의적이고 직관적인 사고를 할 수 있게 되고 업무효율도 높아질 것이다.

미워할 수 없는 아이어른 장유아
(어린 시절의 사고방식에서 헤엄치고 있는 ⌐ 형)

아이 같은 말투와 튀는 행동
철없어 보이지만 결코 미워할 수 없는 그들

이름 장유아 (여)
업무 홍보실 사원
근속연수 6개월
취미 및 특기 음주가무

홍보실 장유아 사원. 27살. 예쁘고 귀엽고 천진난만하지만 철없고 제멋대로인 내 딸. 아이고~, 도대체 이 아이를 어찌해야 좋을지 모르겠다. 일단 회사에서 차근차근 일 배우면서 경력을 쌓으라고 입사를 시켰더니 회사가 제 집인 것처럼 드나들고 있으니 골치다 골치야.

"회사에서는 얌전히 다녀라, 다른 직원들하고 똑같이 열심히 일해라, 다른 사람들 생각도 좀 하고 너무 마음대로 행동하지 마라, 회사규율도 지키고 자립심도 좀 가져봐라." 그렇게 입이 닳도록 이야기를 해도 듣지를 않으니 다른 직원들 보기가 민망스러울 정도다.

그래도 홍보실장 말에 따르면 일처리는 제법 잘하고 있다고 하니 그나마 다행이다. 회의 때는 아이디어도 많이 내고 업무에 난항을 겪을 때도 곧잘 해낸다고. 자기주장이 너무 강하고 욕심이 있어서 가끔 다른 직원들을 난감하게 하거나 상대방 기분 생각 안 하고 말을 조금 격하게 하는 경우가 있긴 하지만 금방 또 언제 그랬냐는 듯 방긋방긋 웃으면서 주변 사람들을 기분 좋게 만들기도 한단다. 내 딸이니 안 봐도 비디오다. 어릴 때부터 갖고 싶은 게 있거나 내가 화난 것 같으면 온갖 애교를 떨면서 예쁜 짓을 하더니. 하하!

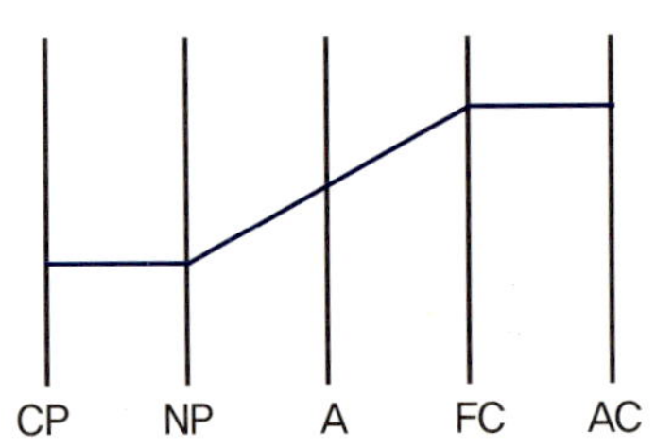

위에 등장하는 장유아 사원은 CP(비판적 부모의 마음)와 NP(보호적 부모의 마음)가 낮고 A(성인의 마음)와 FC(자유로운 아이의 마음)로 단계적으로 올라가는 계단형의 인물로, 마치 어린아이를 보는 듯한 느낌을 주는 유형이다.

어린아이들의 특성이 타인을 배려하거나 이해하려는 노력은 잘 할 줄 모르고 자기가 하고 싶은 대로만 하려는 것이다. 한 손에 과자를 쥐고도 다른 한 손에 또 과자를 쥐어야만 직성이 풀리고 맘대로 되지 않으면 울음을 터트리고 마는 것이다. 또한 사회가 정해 놓은 규칙이나 규율에 얽매이지 않으며 모든 사물에 대하여 호기심을 갖고 무엇이든 적극적으로 해보고 싶어 하는 마음도 강하다. 동시에 아이들은 부모의 눈치를 보며 부모에게 잘 보이고 싶어 하는 마음을 갖고 있고 다른 사람들보다 자신이 돋보이고 싶어 하는 마음도 갖고 있다.

이 유형은 성향 자체가 감정 표현이 풍부하고 본능적인 쾌락을 중시하기 때문에 현실적인 판단 감각을 잃고 즉흥적으로 행동하는 경우가 많다. 어른의 인내심과 고통을 이겨내는 다부진 마음 등을 미처 다 배우지 못한 여리고 약한 아이 같다고 할 수 있다. 어디로 튈지 모르는 럭비공 같은 유형이지만 귀여운 아이처럼 결코 미워할 수는 없는 존재이다.

어른이 되는 방법을 배워라.

세상을 살아가려면 반드시 필요한 것이 사회질서를 지키는 것, 공중도덕을 지키는 것, 책임감과 성공을 향한 목표의식을 갖는 것이다. 또, 사회생활을 잘 하려면 자기보다는 타인을 배려하는 마음가짐을 갖고 힘들고 어려운 일도 스스로 헤쳐나가며 자기 자신에게 동기부여를 해주어야 한다. 아이처럼 언제나 귀여움만 받고 평생을 살아갈 수는 없으니 이제는 어른이 되어 보아야 하지 않을까? 자상한 어머니처럼 부드러운 말투와 타인을 향한 따뜻한 마음을 가지고 봉사활동을 해보는 것도 방법이다. 누군가에게 부탁을 하는 입장이 아니라 부탁을 받아서 기꺼이 해 줄 수 있는 아량도 키워보면 좋겠다. 또한 자신에게 조금 더 엄격한 기준을 세워서 스스로를 자극하도록 하자.

우리 회사에도 분명 지금까지 열거한 7가지 컬러의 직원들이 존재한다. 세분화시켜 본다면 7가지가 아니라 십 수가지 형태로도 나눌 수 있겠지만 이러한 7가지 형태는 한국 사람들에게서 가장 많이 볼 수 있는 이고그램(Egogram)의 모양이다.

어느 회사에나 이렇게 다양한 사람들이 모여 함께 일하며 생활하고 있다. 성향이 제각각 다르다고 해서 편을 갈라 조직생활을 할 수도 없고 모두 나와는 맞지 않는 성향이라고 해서 나 홀로 독불장군처럼 살아갈 수도 없다. 중요한 것은 상대방의 장점을 찾아보려는 노력과 나의 단점을 고치려는 노력이다. 또한 상대방의 성향에 따라 유연하게 대처하는 기술을 터득하는 것이다.

상사가 W형의 모습이라면? 부하직원이 M형의 모습이라면? 내가 어떻게 해야 그 사람의 마음을 움직일 수 있을 것인가를 고민해보고 그들에게 맞춰줄 수 있는 아량과 기술을 익힌다면 당신은 조직 내 최고의 킹카, 퀸카가 될 것이다.

3장

어긋난 관계를 바로잡는 커뮤니케이션 테트리스

1 :: 커뮤니케이션 시 발생하는 대화 형태

2 :: 커뮤니케이션은 이렇게!

1

커뮤니케이션 시 발생하는
대화 형태

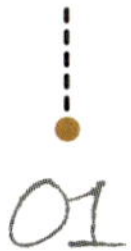

소통을 위한 핵심 에너지
자극 & 반응

'소통'이 되느냐 '고통'이 되느냐는 언어의 영향력과 대화의 목적을
잊느냐 잊지 않느냐에 따라 결정된다.

중요한 프로젝트가 주어진 A팀. 팀원이 한데 모여 가장 효율적으로 프로젝
트를 수행할 수 있는 방법이 무엇인가에 대해 나만해 팀장의 전달사항을 듣고
있는 중이다.

"이번 프로젝트에 내 목이 달려 있다. 너희들이 잘해야 나도 살고, 내가 살
아야 너희들도 산다는 거 알고 있지!? 거기 이유만 씨! 지난번처럼 뺀질뺀질

거리지 말고 이번에는 잘 좀 해! 자네만 잘하면 이번 프로젝트는 무조건 성공이야! 알았어!?”

“한기술 씨는 PT 내용 PPT로 제대로 정리하고. 대충대충 하지 말고! 오타 체크! 글자 크기! 색상 꼼꼼하게 신경 써서 확실히 해! 내 스타일 알지?”

“그리고 정해진 씨, 자네는 시키는 일만 하지 말고 알아서 좀 해! 일일이 다 알려줘야 하나? 내~참.”

“나머지는 프로젝트 관련한 자료들 꼼꼼히 체크해서 공유하고.”

“다시 한 번 말하는데! 긴장들 해! 이번 프로젝트 끝날 때까지는 다들 정시 퇴근은 꿈도 꾸지 마!”

“회사가 공짜로 월급 주는 게 아니야! 정신 똑바로들 차리라고!

“알겠어? 알겠냐고~?! 왜 대답들이 없어?!”

“……”

“도대체! 이 사람들이! 왜? 일하기 싫어?”

“(무성의한 목소리로) 아닙니다, 열심히 하겠습니다…….”

“좋아! 시작해!”

“휴…….(그저 한숨만 쉬며 자리로 돌아가는 팀원들)”

직원들은 진심으로 대답한 걸까? 진짜 하고 싶은 그들의 마음속 이야기를 들어보자.

이유만 그래도 팀 분위기가 좋아야 일이 잘되지! 이왕이면 기분 좋게 일하려고 그러는 건데, 그걸 어떻게 빼질거렸다고 말하지? 짜증 나!!

한기술 내가 언제 대충한 적 있었어? 말을 해도 참. 어이가 없군. 암튼 정이 안 가! 그리고
스타일은 무슨… 촌스러움의 극치면서!"

정해진 그래도 마음대로 했다가 사고치는 것보다는 낫잖아?

유연해 이번 프로젝트로 팀장님이 많이 신경 쓰이시나 보네. 저 자리가 쉬운 자리는 아니
지. 그래도 말은 좀 곱게 하시지……. 에혀~!

최고야 팀장이면 팀장답게 말 좀 하지! 말하는 모양새 하고는. 저래서 어디 팀원들이 일할
기분이 나겠어? 결론이 뭐야? 우리 덕이나 보자는 거잖아!

팀장의 목적은 성공적으로 프로젝트를 수행해 내는 것이었으나, 직원들 모
두는 팀장의 지시에 각기 다른 반응들을 보이고 있다. 하고자 하는 열의보다
는 개인의 평가에 대한 불편한 마음뿐이다. 이러한 반응의 원인을 알아보기
위해서는 의사소통의 기본 개념을 이해할 필요가 있다.

위 그림과 같이 의사소통의 상황에서는 발신자(SENDER)와 수신자
(RECEIVER) 양측이 존재하며 이들은 공통된 상징체계를 활용하여 대화를
진행한다. 그러나 이 사이에는 눈에 보이지 않는 큰 함정이 하나 있다. 대화
를 할 때 말하는 사람은 스스로가 매우 정확하게 전달하고 있다고 확신하고,
듣는 사람은 확실하게 말하는 사람의 의도를 파악했다고 생각한다. 하지만 이

러한 서로의 생각은 결국 소통의 오류를 발생시켜 상황을 고통으로 바꾸어 버린다. 이것이 '자극'과 '반응'의 Gap이라는 보이지 않는 함정이다.

위 사례에서 나 팀장은 '내가 이렇게 이야기하면, 상대는 이렇게 반응할 거야'라는 생각에서 대화를 진행한다. 하지만 나 팀장의 의도와는 다르게 팀원들이 열정이 아닌 열이 나게 된 이유는 무엇일까? 우리가 많이 쓰는 속담에 '가는 말이 고와야 오는 말이 곱다'라는 말이 있다. 즉, '자극'을 제대로 해야 제대로 된 '반응'도 온다는 말이다.

나 팀장은 권위적이면서 일방적인 태도로 팀원들을 자극했다. 타인을 합리적으로 비판하는 수준을 넘어 자존심을 상하게 하고 권력을 과시함으로써 상대를 제압하려 한 것이다. 나 팀장은 그렇게 말하면 팀원들이 이번 프로젝트의 중요성을 크게 느낄 것이라고 생각했겠지만, 그러한 자극을 받은 팀원들의 반응은 오히려 책임 회피와 비난이라는 형태로 돌아왔다.

의도한 대로 반응이 나타나지 않았던 이 상황, 무엇이 문제일까?

1. '언어의 영향력'을 생각지 않았다.

우리는 다양한 방식으로 자신의 생각과 느낌, 정보를 전달하며 의사소통을 하고 있다. 올바른 커뮤니케이션은 상대의 행동과 태도가 자발적으로 변화될 수 있게 하는 것이다. 그리고 이때 동기부여가 제대로 될 수 있는 확실한 '자극'을 주는 언어를 사용해야 한다.

격려의 언어 : 모두들 고생이 많지? 각자의 역량이 충분하니 잘해낼 수 있을 거라 믿네!

긴장감을 유발하는 언어 : 이번 프로젝트는 집중력이 중요하니 최대한 몰입해 주길 바라네.

이처럼 대화 목적에 맞게 구별해서 활용할 수 있어야 한다. 나 팀장이 선택한 언어는 팀원들의 사기(士氣)를 높이기는커녕 사기(邪氣)를 키우는 부정성이 강조된 언어로 마음이 아닌 자존심을 건드렸기에 의도와는 다른 반응들이 나타나게 된 것이다.

2. 대화 목적이 표류되었다.

대화 목적이 표류되지 않게 하기 위해서는 대화 서두에 목적을 언급함으로써 집중하게 하고, 상대에게 의견을 묻고 방향성을 함께 모색해 가는 것이 좋다.

"이번에 우리 팀에 주어진 신제품 개발 프로젝트의 준비 과정에 대해 전달하겠네." ← 목적전달

"업무 영역에 따라 수행 역할을 나눠보는 것에 대해 자유롭게 의견을 나눠보도록 하지." ← 의견공유

이때 중요한 것은 말하는 사람의 의도를 일방적으로 전달하기보다는 상대의 반응을 살펴가며 대화의 상황을 리드해 가야 한다는 점이다. 팀이 탁월한 성과를 내기 위해서는 팀원들의 의견을 얼마나 잘 수용하느냐가 매우 중요하기 때문이다. 성과가 나지 않은 소통은 그저 잡음일 뿐이라는 것을 기억하자.

언어의 영향력을 키우기 위해서는 상대에 따라 전달 방식을 다르게 하라.

소통의 주도권을 갖게 되는 사람 스스로가 자신이 사용하는 언어와 비언어적인 요소에 담겨진 자극의 의미가 상대의 성향과 상황에 따라 해석의 결과가 달라질 수 있음을 알아야 한다.

내가 대화하는 사람은 과연 어떤 사람일까에 집중하자. 상대의 기본 성격, 개인적 신상 및 취향에 관련된 것부터 업무 처리 능력, 대화 시 나타나는 태도, 자주 활용하는 단어 등 상대에 대한 경험 정보를 바탕으로 그들이 제대로 알아들을 수 있는 방법들로 올바르게 전달해야 한다. 나만의 방식이 아닌 그들의 방식을 따라 주는 것이 결과적으로는 남다른 성과를 이뤄낼 수 있는 지름길이다.

또, 언어의 영향력이 어떤 에너지를 향해 가는지를 미리 분석하고 전략을 세운 후 대화를 진행해야 한다. 전략의 기준을 정할 때에는 통제와 지시의 언어(CP의 언어)가 필요한 사람, 이성적이고 합리적인 언어(A의 언어)가 필요한 사람, 포용과 믿음의 언어(NP의 언어)가 필요한 사람, 유머와 놀이의 언어(FC의 언어)가 필요한 사람, 수용과 겸손의 언어(AC의 언어)가 필요한 사람으로 구분하여, 활용할 수 있는 단어들을 정리해 두는 것도 매우 효과적이다. 이것은 주변 사람들을 통해 수집할 수 있다. 대화 시 사람들이 자주 사용하는 단어와 표현 방법에 집중해 보자. 같은 의미가 얼마나 다양한 언어들로 표현되는지 알고 나면 놀라게 될 것이다.

커뮤니케이션을 할 때는 상대에 따라 자극과 반응에 대한 방법을 바꾸어야 한다. 즉, 상대가 나에게 맞춰주길 기대하기보다는 타인의 자아 특성을 수용하고 대화 흐름에 따라 긍정적인 호기심과 분위기를 리드해 갈 수 있도록 나오는 다른 자아 에너지를 지니고 있는 타인에 대한 대처 능력을 길러야 하는 것이다.

1. 쌍방향 소통을 통한 대화 (상보)

말하는 사람과 듣는 사람이 수평의 관계로 만나는 대화를 말한다. 즉 '우린 정말 통하는 것 같아'라는 생각을 하면서 대화가 이뤄지므로 지지와 호응이 적극적으로 나타나게 되는 대화이다. 지속적이고 유쾌한 대화가 가능하다.

2. 단절로 인해 갈등을 유발하는 대화 (교차)

말하는 사람의 기대와는 다른 반응이 듣는 사람에게 나타나면서 대화의 목적이 희미해지고 대화가 지속적으로 이어지지 못하게 되는 경우이다. 이때는 대화의 의도를 파악하려는 의지보다는 자신의 일방적인 생각을 전달하려는 생각만 하게 되면서 크고 작은 갈등이 발생한다. 그리고 '내가 무슨 말을 못하겠어!', '이 사람하고는 도저히 말이 안 통해!'와 같은 마음 상태가 되면서 서로 간의 관계에 틈이 생기게 된다.

3. 이면의 진짜 의도가 드러나지 않는 대화 (이면)

실제 대화는 하고 있지만 전달하려는 목적을 명확하게 표현하지 않는 대화이다. 이면에 다른 숨은 뜻이 있음을 알지만 그저 짐작으로 상대의 의도를 파악하게 됨으로써 오해와 왜곡의 소지가 많은 불완전한 대화이다. '내가 언제 그런 뜻으로 말했어?', '괜히 남의 생각을 넘겨짚고 그래'라는 생각을 하도록 만드는 것이다.

다음 장에서 각각의 대화 유형에 대해 자세히 알아보도록 하겠다.

02

개떡같이 말해도 찰떡같이 알아듣는
상보교류

상호 신뢰로 다져진 긍정적 교류는 몇 마디 말만으로도
훌륭한 커뮤니케이션이 가능하게 한다.

연간 교육 계획에 대한 중요한 업무의 마무리 작업으로 정신없는 A팀 사무실. 각자의 몰골을 보면 벌써 며칠째 밤을 새웠다는 것을 직감할 수 있다. 퀭한 얼굴과 까칠한 피부, 사방에 널려진 서류 뭉치들. 그리고 분주한 직원들.

"이 대리, 지난번 그 자료 내가 하라는 대로 정리했나?"

"네, 팀장님! 정리해서 거기에 두었습니다!"

"거기? 어디? 여긴가?"

"네. 거기요~."

"윤선아 씨는 내가 다시 점검하라는 거 했어?"

"아~, 그거요! 그럼요~. 벌써 다 했습니다!"

"오성진 씨, 내일 발표할 내용 중에 중요하다고 따로 빼 놓으라는 거 있지? 그거 가져와."

성진 씨는 아무 대꾸도 없이 나 팀장 책상 위에 자료를 놓고 돌아선다. 그래도 불편한 기색 하나 없이 자료를 검토하는 나 팀장.

"좋아, 좋아. 이 정도면 완벽해! 오늘은 이쯤에서 그만들 마무리하고 저녁이나 먹고 들어가지. 내일 보고하기 전에 다시 한 번 모여서 최종 점검해 보는 걸로 하고! 거기로 일 마무리 하는 대로 모이자고! 오늘은 내가 쏠 테니!"

휘리릭~ 사라지는 나 팀장.

조촐한 회식자리에 모인 팀장과 팀원들. 서로 할 말이 많은 듯 피곤함도 잊은 채 기분 좋은 술잔을 기울이고 있다.

"팀장님! 팀장님! 이번 교육 계획은 아무리 봐도 잘 된 것 같아요! (박수를 치며) 아무래도 내가 너무 잘한 것 같다! 그쵸?"

"그럼, 그럼. 우리 윤선아 씨 없었으면 어쩔 뻔 했어~. 아주 잘했어! 아이디어도 좋았고!"

"당연하지요! 팀장님은 저 없으면 안 된다니까요~."

"이 대리도 고생했어! 한잔 해~."

"별 말씀을요. 팀장님이 지시하신 대로 한 것밖에 없는데요. 고생 많으셨어요!"

"우리 이 대리나 하니까 따라와 준거지. 나 맞추기가 어디 그리 쉬운가? 내가 그 마음 다 알지."

"오성진 씨는 역시 자료 정리하는 솜씨 하나는 탁월해! 아무도 못 따라갈 거야."

"제 일인데요 뭘. 할 일을 한 것뿐입니다."

"그래, 그래. 언제 봐도 사람이 심플해서 좋아!"

"자, 다들 고생했는데 건배 한 번 할까! 짠~~."

위 상황은 실제 모기업 교육팀에서 연간 교육 계획서를 마무리하는 과정에서 오갔던 대화이다. 우리는 올바른 대화, 성과 있는 대화를 위해서는 명확하고 구체적으로 표현해야 한다고 알고 있다. 실제로도 이러한 것이 지켜지지 않은 대화의 경우 많은 문제가 발생하기도 한다. 그런 면에서 본다면 위 사례는 어느 것 하나 명확하고 구체적으로 표현되는 것이 없으므로 바른 대화법이라 볼 수 없다. 그럼에도 왠지 저 팀은 너무나 잘 굴러가는 것 같다. 일도 틀림없이 제대로 마무리가 되었을 것이다.

이유가 뭘까? 실제로 사례의 주인공은 대화의 방법도 중요하지만 더 중요한 건 서로간의 신뢰라고 얘기한다. 팀원들은 팀장의 든든한 지원과 믿음 아래 업무의 역량을 기대 이상으로 발휘하고 있으며, 평소에 단합이 잘되기로 유명하다. 이런 경우 많은 양의 단어를 사용하지 않아도 소통이 된다. 자아 에너지의 수평적 교류와 믿음이 있다면 원활한 대화는 보장된다.

 반품하고 싶은 직원, 리모델링하고 싶은 상사

　팀원과의 찰떡궁합은 사람을 향하여 '신뢰심', '솔직함', '배려심'을 표현하면서 가능해진다.

1. 상대의 언어를 따라가 보자.

　자극과 반응이 안정적이고 시원하게 소통되는 상보적 교류에서는 신뢰가 가장 중요한 핵심이 된다. 우리는 '저 사람은 나와 비슷해!'라는 생각을 하게 될 때 마음에 믿음이라는 감정이 생기게 되지 않는가.

　상대가 말할 때 어떤 표현들을 주로 쓰는지 집중하여 들어보면 그 사람의 대화 성향을 알 수 있다. 표현하는 단어들을 통해 그 사람의 자아 상태를 파악하여 상대가 친숙해하는 표현들로 메시지를 전달해보자. 나의 의도를 받아들이는 모습을 단번에 느끼게 될 것이다.

2. 솔직하게 표현하자.

　있는 그대로, 느껴지는 그대로를 올바르게 표현하는 것! 조직에서는 어려울 수도 있으나 크고 작은 감정의 표현들을 소홀히 하고 묻어두기만 한다면 상대와 깊이 있는 신뢰감을 형성하기는 어려울 것이다. 따라서 상대에게 자신의 생각과 마음을 표현하는 것에 대해 인색하지 않아야 한다. 나의 마음 상태를 드러내는 것은 곧 상대에게 한 걸음 다가가고자 하는 관계유지의 의지를 표현하는 것이다.

3. 유쾌한 소통의 핵심은 말하는 사람의 배려심이다.

　말하는 사람은 상대의 자아 상태에 따른 맞춤식 대화법을 구사하고 듣는 사람은 상대의 그런 마음에 고마움을 담은 수용의 자세로 대해야 진정한 소통이 이루어진다. 갈등이 유발될 수 있는 다양한 변수의 대화 상황에서 이 두 가지 태도는 소통을 풍요롭게 하는 든든한 밑거름이 된다.

유쾌한 어린아이처럼 자기 일을 즐기는 FC(자유로운 아이의 마음)의 성향 인 사람에게는 NP(보호적 부모의 마음)와 FC(자유로운 아이의 마음)의 언어 를 사용하여 칭찬과 격려의 말로써 기분을 띄워주고, AC(순응하는 아이의 마음)의 성향으로 조용히 맡은 바 책임을 다하면서도 타인의 기대에 부응하고자 하는 사람에게는 안정감을 느끼고 효용가치를 인식할 수 있도록 NP(보호적 부모의 마음)의 언어로써 든든한 에너지를 전달하는 것이다. A(성인의 마음) 의 성향인 현실적이고 책임감 있는 사람에게는 동일한 A(성인의 마음)의 언 어로 간결하게 그 사람의 능력을 인정해 주는 말로써 자긍심을 높여주는 것이 좋다.

상보교류의 기본은 두 개의 자아상태가 발신과 응답의 방향이 병행되는 것을 말한다. 특별한 변화가 없는 한 상호지지의 대화는 계속 되나 서로 의도를 잘 알지 못하게 되는 경우 예상치 못한 피드백으로 인해 대화가 단절되는 상황이 발생된다. 그러나 신뢰로 다져진 관계일수록 상대에게 맞추려는 노력이 강하여 상대의 의도를 알아채기가 쉽다.

기대를 꺾는 반응
교차교류

대화의 단절은 상대의 '기대심리'에 대한 '반전'에서 시작된다.

평소에 좋은 관계를 유지하고 있는 고객사 담당직원이 회사 근처에 올 일이 생겨 점심을 같이 하게 된 이 대리. 업무적으로 만났으나 인간적으로 통하는 부분이 많아 좀 더 좋은 시간을 보내고자 맛집을 찾아보던 중 같이 일하는 자타공인 미식가 김 대리에게 도움을 요청했다.

"김 대리! 많이 바빠? A사의 윤선희 씨가 온다는데 가본 곳 중에 괜찮은 맛집 있으면 추천해 줄래? 김 대리가 그런 건 잘 알잖아. 어디가 괜찮을까?"

"지금 바쁜 거 안 보여? 스마트폰 뒀다 뭐해! 근처 맛집 검색해서 알아봐!"

갑자기 머쓱해진 이 대리, 더 이상 묻지 못하고 휴대폰만 두드리고 있다.

허둥지둥 사무실로 돌진하듯 달려 들어오는 소심해 씨. 지각이다! 가쁜 숨을 몰아쉬며 사무실에 들어선 순간 가장 먼저 눈에 들어오는 건 한심한 듯 쳐다보는 김 부장의 얼굴이다.

"소심해 씨! 지금 도대체 몇 시야! 무슨 정신으로 회사를 다니는 거야? 그렇게 오기 싫은 회사면 아예 집에서 푹 쉬지 뭐 하러 이렇게 바쁘게 나오시나?"

상황 설명을 할 틈도 없이 쏟아지는 김 부장의 질책! 거기에 빈정거리기까지 하는 말투. 정말 아침부터 스트레스 쌓인다, 쌓여!

"왜! 뭣 때문에 늦은 거야? 말이라도 해봐!"

"네, 저……, 차가 막혀서……."

"뭐? 차가 막혀? 꼭 소심해 씨가 탄 차만 막히지?!"

"아니, 정말로 도로가 오늘은, 꽉 막혀서……."

"그래서! 지금 지각한 게 잘했다는 거야, 뭐야?"

소심해 씨는 더 이상 아무 말도 못하고 그대로 얼음이 된 채 서 있다.

대화 시 말하는 사람은 상대의 반응을 미리 예측하게 된다. 다시 말하면 듣고 싶은 말에 대한 정보를 이미 머릿속에 자기 방식대로 입력하게 된다는 뜻이다.

첫 번째 사례의 경우 김 대리의 상황도 살펴가며 부드럽게 접근한 이 대리는 배려심이 많은 NP의 성향으로 대화를 시도하였으나 평소에 인간관계가 건조한 편인 김 대리는 다소 냉랭한 반응을 보였다. 비판적인 CP(비판적인 부모의 마음)와 인간미가 결여된 A(성인의 마음)의 부정적 성향이 우선적으로 나타난 것이다. 이런 경우 대부분은 더는 대화를 이끌어 가지 못하고 포기하게 된다. 대화의 단절 상태가 되는 것이다.

김 대리는 "맛집 괜찮은 데 있어?"라고 물으면 "응! XX이 점심식사 하기에는 아주 좋아!"라는 대답이 돌아올 것으로 기대하고 있었을 것이다. '이 정도쯤은 얘기해 주겠지'라는 나만의 기대심리! 이 기대심리에 반전이 생기면 그때부터 대화는 건조해지며 분위기는 서먹해지고 서로의 감정은 틈이 벌어지게 된다.

두 번째 사례에서의 소심해 씨는 말하라고 해서 사실을 말했는데 김 부장은 여전히 화가 난 상태이다. 무엇 때문일까? 사실 김 부장이 듣고 싶은 대답은 변명이 아니었다. 지각은 할 수 있지만 하지 않아야 되는 것이므로 그것을 인식시켜 주고자 했던 것이다. 하지만 질책이 빈정거림으로 표현되는 순간 듣는 사람은 주눅이 들어 어떤 말을 먼저 해야 하는지에 대한 판단력이 흐려진 것이다.

사실 김 부장은 '잘못했다'라고 인정하는 반응을 예상하고 말을 한 것이다. 따라서 김 부장이 잘못됐다고 생각하기보다 '그 사람은 이렇게 표현하는구나' 정도로 받아들여야 한다. 또, 반대로 김 부장의 입장에서도 기대한 반응과는 다른 반응이 돌아올 수 있다는 점을 인정해야 한다.

순간순간 발생하는 당혹스런 대화에서 감정을 조율하면서 대화를 유연하게 이어갈 수 있는 방법에 대해 알아보자.

1. 일상의 호감지수를 높이자.

대화의 성과를 이뤄내는 데 있어 중요한 요소는 '호감지수'이다. 나에 대한 호감도에 따라 상대가 나의 방식을 받아들이고 맞춰 주려는 노력의 정도가 달라지는 것이다. 상대가 나를 대하는 일상의 태도에서 평소 나에 대한 관심과 평가 수준이 긍정을 향해 있는지 부정을 향해 있는지 파악할 수 있다. 이를테면 대화가 단답형으로 끝나지는 않는지, 업무 진행 시 상대를 존중하고 있음을 느끼도록 해주는지, 말투가 건조하거나 무심하진 않은지, 문제가 발생했을 때 나의 입장에 서서 도움을 주려고 하는지 등을 통해 알 수 있다.

회사 내에서 호감도를 높이고 싶다면 상대를 바꾸려 하거나 비판하기보다는 내가 먼저 상대의 방식에 맞춰 주는 것이 최상의 방법이다. 모든 사람과 친밀하고 좋은 관계를 유지하는 것은 쉽지 않은 일이나, 최소한 적은 만들지 말아야 한다는 것쯤은 직장인이라면 누구나 알고 있는 사실일 것이다.

2. 순간적 반응에 민감해지지 말자.

상대가 내가 생각한 것과 다른 대답을 한다고 해서 '뭐야! 그렇게밖에 말 못해!?'라는 생각은 하지 말아야 한다. '그럴 수도 있지'라는 여유로운 마음으로 한 템포 쉬어주는 것이 좋다. 이러한 자세에서 한 걸음 더 나아가면 상대를 긍정적으로 설득하려는 행동을 취할 수 있게 된다.

"바쁜 줄 아는데 미안해. 김 대리 입맛을 따라갈 사람이 우리 회사에 누가 있겠어? 자네가 추천해 주면 믿고 갈 수 있어서 그러는 거니까 한 군데만 알려 주면 고맙겠는데……."

이렇게 NP(보호적 부모의 마음)의 포용력으로 감정을 다스리고 한 번 더 대화를 시도하면 대화의 단절을 방지하고 상대에 대한 언짢은 마음도 한결 무뎌지게 될 것이다.

두 번째 질책의 상황에서는 CP(비판적 부모의 마음)의 언어들을 많이 사용하게 되는데 이 순간을 현명하게 넘기기 위해서는 AC(순응하는 아이의 마음)의 순응하는 언어로 말문을 열고 A(성인의 마음)의 현실 지향적인 답변으로 대응하는 것이 좋다.

"다시는 이런 일 없도록 하겠습니다. 늦어서 죄송합니다."

이 한마디면 상황은 종료되는 것이다.

3. 대화의 목적을 꼭 기억하자.

대화가 단절되는 가장 큰 이유는 목적을 상실했기 때문이다. 기대 심리와 반응이 일치하지 않았다고 해서 애초의 목적은 생각지 않고 '이 사람하고의 대화에서는 더 이상 얻을 것이 없어!', '말해 봐야 시간 낭비지!', '뭐 이런 경우가

다 있어?!'라는 식으로 반응한다면 대화의 결과는 불 보듯 뻔하다.

"그게 뭐 귀찮다고 말을 그런 식으로 해!"

"그냥 대충 먹으면 되지, 거래처 사람하고 점심 한 끼 먹는 게 뭐 그리 중요하다고!"

이렇게 되면 두 사람은 더 이상 맛집에 대한 얘기를 주고받는 것이 아니라 서로의 행동에 대해 불필요한 논쟁을 하게 되고 쓸모없는 감정 소비만 하게 된다. 내가 먼저 최소한 삼세번의 대화는 시도하자. 맛집을 알아내는 것이 대화의 목적이지 않은가!

Advice 대화에서 자극과 반응에 대한 기대가 엇갈릴 때 그 대화를 지속해야 할지, 중단해야 할지 혼란스러워진다. 이때 상대는 나와 다를 뿐 그것이 틀린 것은 아니라는 점을 기억해야 한다. 감정보다는 이성적으로 상황을 바라보며 상대가 받는 느낌이 어떨까라는 생각에서 한 번만 참아 준다면 상대가 지니고 있는 다양성을 받아들일 수 있게 되며, 내가 의도한 목적을 이루어 내기 위해 삼세번의 대화를 시도할 수 있는 여유가 생기게 된다.

 ## 대화의 단절을 방지하는 자아별 맞춤 궁합

	언어적 표현	상대가 받는 느낌	
CP	잘했어? 잘 못했어? 그것밖에 못해? 이게 된다고 생각해!	욱! 한다. 무시당했다. 주눅든다.	**AC**
NP	충분히 이해해요. 그랬구나. 마음이 ~하겠네. 괜찮아, 괜찮아.	배려, 위안받는다. 따뜻하다. 편안하다.	**NP/FC**
A	왜 그렇게 생각해요? 그쪽 입장은요? 그게 최선인가요?	객관적이다. 신중하지만 까다롭다. 융통성 없고 심각하다.	**A**
FC	제가 한 거에요! 잘했죠! 와우! 신난다! 재미있겠다! 정말 좋다~ 지금 당장 하자!	친밀하다. 유쾌하다. 산만하다.	**NP/FC**
AC	죄송합니다. 시정하겠습니다. 원하는 대로 진행하세요……. 시키는 대로 해야지…….	억눌려 있는 것 같아 안쓰럽다. 답답하다. 만만하다.	**NP**

※ CP:비판적 부모의 마음, NP:보호적 부모의 마음, A:성인의 마음, FC:자유로운 아이의 마음, AC:순응하는 아이의 마음

04

대화 속 숨겨진 진실
이면교류

진심을 알아채는 사람이 성공 커뮤니케이션의 종결자!

새로 입사한 신입사원 신선해 씨. 입사한 지 6개월이 지났건만 아직도 회사 생활은 실수투성이다. 어제 지시 받은 업무에 대한 결과 보고를 위해 팀장님을 만나러 가는 길. 신선해 씨에게 이 시간은 그다지 유쾌하지 못하다. 무엇 때문인지 항상 까칠하기 그지없는 강 팀장.

"팀장님 어제 지시하신 사항에 대해 보고 드리겠습니다."

"그래. 우선 자료부터 줘봐!"

"뭐야! 보고 자료가 왜 이래? 입사한 지 벌써 몇 개월인데 아직도 이 모양이야!"

"신선해 씨 명문대 나왔다며……. 보고서 하나 제대로 작성도 못하면서, 학교는 폼으로 다녔나?"

"……죄송합니다. 문제점을 말씀해 주시면 다시 작성해서 올리겠습니다."

"내가 일일이 다 말해줘야 알아? 이 정도는 초등학생도 할 수 있어! 이렇게 해서 회사 생활 제대로 할 수 있겠어? 그 좋은 스펙은 일에다 안 쓰고 어디다 쓰는 거야?"

"죄송합니다. 신경 써서 다시 작성하겠습니다."

새로 기획한 상품에 대한 고객사 품평회가 있던 날. 김강단 과장은 자신 있게 상품을 내놓으며 열심히 설명 중이다. 이때 나거만 MD가 태클을 걸어오기 시작하는데…….

“김 과장! 이제 그만하고 거기 앉아보세요! 그 제품 사람들에게 신겨보기나 했어요?”

“그럼요! 제가 만들어 놓고도 얼마나 좋았는데요, 다들 편안하고 예쁘다고 난리였어요!”

“그래요? 김 과장이 사람들 말을 잘 못 알아들은 건가? 아니면 김 과장 주변 사람들이 이상한 건가? 내가 보기엔 영~ 아닌데. 볼도 좁은 것 같고, 마감 처리도 매끄럽지 못하고……. 무엇보다 소비자는 이런 디자인 안 좋아해요. 감각이 떨어져. 이번에는 안 되겠어요. 다음 기회를 보는 것이 좋겠네요.”

미소를 잃지 않고 끝까지 듣고 있던 김강단 과장이 한마디 한다.

“한 번만 더 기회를 주세요! 마감일이 아직 이틀 남았으니 다시 만들어 올게요.”

“장난해요? 이틀 동안 어떻게 다시 만들겠다는 거예요?”

“할 수 있어요! 저는 한다면 꼭 해내는 사람이거든요! 걱정 마시고 한번 믿어 주세요!”

“그렇게 쉽게 만드니 제품이 이 모양이지. 애초에 제대로 만들던가! 됐어요!”

“그러지 마시고 이틀 후에 다시 한 번 시간 내주시기 바랍니다!”

“내 참, 정 그렇다면 그러시던가요. 매출이나 재고 같은 거 저는 책임 못 지니까 알아서 하시고 저는 다음 회의가 있어 이만 일어나야겠네요.”

자리에서 일어서는 나거만 MD를 보며 김강단 과장은 그래도 싱글벙글이다. 솔직히 김강단 과장은 이런 상황을 이미 예측하고 있었다. 기존 거래처를 바꿔야 하는 나거만 MD 입장에서 자신에게 호의적이지는 않을 거라고 생각했기 때문이다.

이틀 후 가지게 된 품평회에서는 매우 좋은 반응을 얻었다. 고객사 팀장까지 함께 한 자리에서 기분 좋은 칭찬을 받은 김강단 과장.

"아이고 김 과장, 대박 상품이 되겠어요. 기대가 아주 큽니다!"

"감사합니다! 팀장님, 모두 나거만 MD님 덕분입니다. 첫 번째 품평회 때 개선 사항에 대해 요목조목 알려주시고 야단도 쳐주셨거든요! 나 MD님 감사 드려요!"

갑자기 당황해하며 머쓱해진 나 MD.

"무슨 말씀을……. 제가 뭘요, 김 과장님이 능력이 있어서 잘 해내신 거죠. 암튼 고생했어요. 마지막까지 좋은 결과 나올 수 있도록 잘 부탁드립니다."

평소에 우리는 말과 뜻이 다른 대화를 자주 하고 있다. 상대가 알아서 새겨 듣기를 바라지만 사람은 대화 이면의 뜻보다는 귀에 들리는 소리에 더 민감하게 반응하고 이에 따라 해석한다. 감정을 다치지 않게 하기 위해서는 의도를 파악하는 데 집중하는 대화 스킬이 중요하다.

첫 번째 사례에서 강 팀장의 숨은 마음은 사실 이런 것이었다.

'우리 팀에 아주 뛰어난 신입사원이 온다는 말을 듣고 아주 기대가 컸다네. 내가 기대한 만큼 주변에서도 많은 관심이 있을 거야. 제대로 일을 배워서 기대 이상의 모습을 보여주면 좋겠어!'

사실은 신입사원이 잘 되길 바라는 마음이었지만 표현 방식에서 CP(비판적 부모의 마음)의 비판적인 성향이 매우 강하게 나타났다. 조직에서 부하직원을 독려할 때 이런 왜곡된 표현을 하는 상사가 의외로 많다는 것은 참으로 안타까운 일이다. 강하고 독하게 말하면 잘 알아들을 것이라는 착각. 말과 뜻이 다른 이면 교류 중 부정적인 에너지를 형성하는 전형적인 예이다. 이런 경우 상대가 속마음을 알아챘다 하더라도 소극적으로 반응하거나 반발심을 가질 수 있다. 하지만 다행히 신입사원은 AC(순응하는 아이의 마음)의 자세로 순응하면서도 A의 자세로 적극적인 개선의 의지를 보여주었다.

만약 이런 상황에서 신입사원 A씨가 이렇게 행동했다면 어땠을까?

"팀장님 뭐가 잘못된 건지 구체적으로 말씀해 주십시오!"

"명문대학을 나온 것과 보고서 작성의 문제는 직접적인 관련이 없다고 생각합니다."

문제 해결을 위해 A의 성향으로 논리성을 앞세우고 잘잘못을 가리려 했다면, 갈등이 고조되어 신선해 씨의 앞날에는 먹구름이 가득했을 것이다.

두 번째 사례는 우리가 비즈니스를 하게 될 때 꼭 만나게 되는 성향 중의 하나인 울트라 갑에 대한 내용이다. 거기에 CP(비판적 부모의 마음)와 A(성인의 마음)의 에너지가 강하게 작용한다면 쉽게 넘어설 수 없는 산이 된다. CP가 가장 상대하기 난처한 성향은 FC(자유로운 아이의 마음)이다. 사례의 김 과장은 자아 에너지가 FC이다. 자기가 한 일에 대해 아이처럼 좋아하고, 상대의 반응에 상관없이 한 번 더 만나자고 하고 지기 싫어서 끝까지 시도해 보는 등 전형적인 FC의 모습을 보여주고 있다. 하지만 사실상 나 MD를 꼼짝할 수 없게 만든 건 바로 이 한마디였다.

"개선 사항에 대해 요목조목 알려주시고 야단도 쳐 주셨거든요!"

부모의 마음인 CP의 좋은 면을 이끌어 내어 '당신으로 인해 제가 성장했습니다.'라는 표현을 했던 것이다. 팀장 앞에서 담당자로서의 관리 능력도 인식 시켜주고 "당신이 나한테 그랬었잖아!"라는 애교 있는 복수의 의미도 담겨 있는 이 한마디로 인해 더 이상 나 MD는 김 과장이 넘어야 할 산이 아닌 함께 갈 수 있는 파트너가 된 것이다.

상대의 의도를 파악하며 유연하게 대화를 이끌어 가기 위해서는 다음과 같은 준비가 필요하다.

1. 대화 시 전략을 짜는 것은 필수다.

직장생활을 하면서 오가는 대화의 종류는 무수히 많다. 업무의 성과를 내기 위한 것부터 관계를 만들어 가는 것까지 매우 다양한 대상과 주제를 갖는다. 중요한 것은 원하는 성과를 내기 위한 대화는 반드시 사전 전략을 짜야 한다는 것이다. 전략을 짤 때 무엇보다 우선하는 것은 상대와 내가 대화에서 무엇을 얻고자 하는지를 미리 생각하는 것이다. 첫 만남에서 느꼈던 분위기나 평상시 말투, 나를 대하는 기본적인 태도 등을 면밀히 관찰하여 나에 대한 호감도를 먼저 파악한 후 대화의 상황에 들어간다면 쉽게 감정적이 되어 관계나 일을 망치게 되는 경우를 피할 수 있다.

2. 말과 뜻이 다른 것 같다면 질문을 하라.

이면교류의 대화에는 두 가지 상황이 존재한다. 속마음에 대한 표현 방법이 서툴거나, 전략적으로 철저하게 속마음을 감추는 상황이다. 특히 상대에 대한 신뢰가 큰데 이면교류의 상황이 오면 대응하는 사람은 크게 당황하게 된다. 하지만 그럴 때일수록 '왜 저렇게 말하지?'라고 생각하지 말고 주저 말고 질문하라.

"제가 정확하게 당신의 의도를 알아들은 건가요?"

"다시 한 번 말씀해 주시기 바랍니다."

이때 중요한 것은 정중하고 이성적으로 질문하여야 한다는 것이다. 감정이 섞이게 되면 상사에게는 무례함을, 동료에게는 불신을, 아랫사람에게는 무시라는 감정을 일으킬 수 있다. 질문에 대한 상대의 피드백을 통해 그가 어떤 방향으로 대화를 끌어가려고 하는지를 보다 명확하게 알아낼 수 있으니 집중하여 들어야 한다.

 이면교류는 본심이 이면에 숨겨져 있어 표면적으로는 그것과 다른 형태의 교류가 이루어지는 것이다. 대화에 대한 준비가 미흡하거나 집중을 하지 않는다면 서로 다른 해석으로 감정과 정보의 오류가 발생하게 될 확률이 매우 높다. 정보 수집을 통한 전략과 전술을 펼치기 위한 질문 기법을 적극 활용하여 상대의 뜻한 바가 무엇인지를 명확하게 끌어내어야 한다.

 ## 이면교류의 대화에는 어떤 것이 있을까?

1. 방송용 멘트도 적당히 하시죠! 팀장님!

"자자!! 오늘 일찍들 퇴근하자고! 하루 종일 힘들었을 테니 야근할 생각 말고!"

"내가 먼저 움직여야 자네들 맘이 편하겠지?"

팀원들의 퇴근 시간까지 챙겨주는 팀장이라……. 모두들 좋아할 법도 한데 팀원들의 표정이 그리 밝지는 않다.

불과 몇 십분 전 영업팀에는 한바탕 폭풍이 지나갔다.

"상반기 매출 실적이 이게 뭐야! 하루 종일 다니면서 하는 일들이 뭐야? 시간만 채우면 월급 나온다 이거지?"

팀원들 자존심 팍팍 긁어가며 하반기 매출 향상을 위한 자구책을 마련하여 내일 오전까지 제출하라고 목소리 높여 얘기한 지 얼마 지나지 않았는데 힘들 테니 빨리 퇴근하라니……. 팀원에게는 그 소리가 귓등으로도 안 들린다. 오전까지 제출하려면 지금부터 회의하고 정리하고, 퇴근이나 할 수 있을는지……. 그저 어이 없이 웃으며 발걸음을 재촉하는 팀장의 뒷모습만 보고 있다.

겉치레로 하는 말에는 서로간의 신뢰에 금이 가게 할 수 있다. 위의 사례는 바로 그런 상황으로 일상에서 자주 접하는 모습이다.

2. 그 일은 안 된다니까요!

'외로운~ 오빠는~ 오늘도 이를 악물고~'

박 팀장의 핸드폰이 울린다.

하지만 슬쩍 들여다보고는 이내 외면한다. 한참 후 다시 울리는 벨소리.

"어~, 김 과장~. 전화했었네? 이런! 내가 회의 중이라 못 받았군. 지난 번 부탁한 일로 안 그래도 전화 한 번 하려던 참이었는데."

"내가 요즘 좀 정신이 없어서 말이야. 출장이다 뭐다 해서 통 시간이 여의치 않았네."

"그러게. 급한 상황은 알겠는데, 그게 쉽지가 않아. 언제 술이나 한잔 하면서 이야기하지."

"어, 그래. 내가 연락할게. 지금 또 중요한 미팅이 있어서 이만 먼저 끊겠네."

부탁받은 일을 거절하는 것은 참으로 어려운 일이다. 그래도 직접적으로 말을 해 주어야 상대가 문제 해결에 대한 다른 방법을 찾을 수 있다. 도움을 요청하는 사람을 생각해서 솔직하게 얘기하지 못하는 심정은 충분히 이해가 가지만 비즈니스에서는 Yes & No를 명확히 하는 것이 매우 중요하다.

시간을 끌거나 돌려서 말하면 상대가 괜한 기대를 갖게 된다. 이런 방식의 이면대화는 후에 더 큰 서운함과 배신감을 느끼게 하여 일도 사람 관계도 깨어질 수 있으니 정중하면서도 솔직하게 표현하는 것이 좋다.

3. 진짜 예뻐진 걸까?

우연히 복도에서 마주친 입사동기 신선해 씨와 이대로 씨. 반가운 듯 인사하며 건네는 한마디!

"안 본 사이에 정말 예뻐졌는데?!"

"언제 밥 한번 먹자!

"그래, 꼭 연락해!"

사례와 같이 평소에 자주하는 대화들 중 상대를 기분 좋게 하려는 마음에서 건네는 말들이 많이 있는데 이면대화에 존재하는 하얀 거짓말들이다. 이와 같은 하얀 거짓말은 자주하면 새빨간 거짓말이 되어 자신의 평판을 깎아먹게 되며 상대가 나를 중요한 사람으로 생각하지 않게 된다는 것을 명심하자.

2

커뮤니케이션은 이렇게!

우리끼리 통하는 뒷담화,
평판만 나빠질 뿐

불평, 불만을 일삼는 커뮤니케이션 테러집단에 휘말리지 말자!

업무의 중압감을 내려놓으려는 입사동기 네 사람. 입사한 지 벌써 3년이 다되어간다. 이들이 힘겨운 회사 생활을 버틸 수 있게 한 힘은 퇴근 후 마시는 한 잔의 소주! 직장 상사를 안주 삼아, 골치 아픈 거래처 담당자를 화제 삼아 한창 대화가 무르익어 간다.

유난히 뒷담화를 좋아하는 한소리 씨.

“우리 부장은 아직도 내가 자기 수족인 줄 알아. 어제는 사모님 개인 비서노릇까지 했잖아! 내가 이러려고 회사 취직했는지.”

“집에서는 아주 꼼짝을 못하면서 회사에서는 자기가 사장이나 되는 줄 알고 직원들을 종 부리듯 해! 기가 막혀서……. 얼마 못가서 분명히 잘릴 거야! 니들 생각은 어때? 이게 말이 되냐고? 회사가 월급 주지 자기가 월급 주나? 왜 나를 자기 개인 비서로 생각하냐고!”

이때 가만히 듣고 있던 신나고 씨가 맞장구를 친다.

“그 팀 부장 조만간 인사이동 있을 거라는데……. 그렇게 개념 없이 부하 직원한테 인정도 못 받는데 좋은 결과 있겠어? 걱정 마! 적당히 맞춰 주다가 떠나면 기쁘게 박수나 쳐주는 거야!”

“그랬으면 오죽 좋겠냐. 일적으로도 뭐 하나 배울 게 없어. 집에서 챙겨주지도 않는지 옷도 꾸질꾸질하고. 정말이지 같이 나갈 일 생기면 도망가고 싶다니까!”

또 다른 입사동기인 이대로 씨.

“그만하고 술이나 마시자. 기분 좋게 한잔 하는 자리에서 상사 욕이나 하고……. 네가 얼마나 만만하게 보였으면 그러겠어! 네 잘못도 커!”

“뭐? 너는 입사 동기라는 녀석이 그렇게밖에 말 못하냐?! 그래, 너 잘났다.”

고기를 뒤집으며 고상해 씨가 한마디 건넨다.

“많이들 속상하지? 일단 한잔 하는 게 어떨까? 고기가 아주 잘 익었네! 뒷담화도 배가 든든해야 기운내서 하지. 자, 자. 이거 먹고 한잔 해!”

업무 시간에 이대로 씨의 메신저로 문자가 하나 들어왔다.

"우리 부서에 성수현 씨 알지? 오대식 씨하고 그렇고 그런 사이래. 혹시 들었어?"

"일이나 해! 쓸데없이 남의 일에 신경 쓰지 말고!"

"……."

잠시지만 관계가 서먹해진 두 사람.

2010년 취업포털사이트 〈사람인〉에서 직장인 1,913명에게 '직장 내 뒷담화 경험'을 물은 결과 응답자의 83.4%가 '있다'고 답했다. 뒷담화를 하는 이유가 무엇이냐(복수응답)는 질문에 64.8%가 '대상에게 불만이 너무 많아서'라고 답했고, 계속해서 '스트레스를 해소할 수 있어서'(44.1%), '싫은 것을 표현해야 하는 성격이어서'(26.1%), '뒷담화를 통해 타인에게 위로받고 싶어서'(18.4%) 등의 답변이 이어졌다.

적지 않은 직장인이 뒷담화를 통해 자신들의 속마음을 표현하고 있다. 하지만 분명히 알아두어야 할 것은 많은 경우 뒷담화 대화는 잘해야 본전이라는 것이다. 앞에서는 호응하며 들어주지만 결국에는 불평, 불만을 일삼는 사람으로 낙인찍히기 쉽다. 상대가 위로하고 이해해주길 바란다면 뒷담화에도 요령이 필요한 것이다.

그렇다고 뒷담화를 무조건 피할 필요는 없다. 뒷담화도 하나의 조직 문화이기 때문이다. 호응은 못해주더라도 상대의 말을 무시하거나 함부로 비판하는 것은 옳지 않다. "그렇구나. 몰랐네. 지금 급한 업무 중이라, 미안." 정도로만 호응을 해도 상대는 흥미를 잃어 더 이상의 대화는 시도하려 하지 않을 것이며, 상대에게 '거절당했다'고 느끼기보다는 '방해해서 미안하다'는 마음을 갖게 될 것이다. 직장생활에서 말이 통하는 사람으로 인정받으려면 뒷담화에 적절하게 대응하는 현명함도 필요하다.

뒷담화에도 요령이 있다.

1. 뒷담화의 목적을 분명히 알려주자.

직장인들은 억눌린 불만과 욕구를 해소하기 위해 뒷담화를 하게 된다. 하지만 이것도 목적을 분명히 해야 한다. 상대가 자신의 이야기를 들을 준비를 할 수 있도록 부탁하는 것으로 보아도 좋겠다.

"내가 요즘 도저히 참을 수가 없어. 이러다간 미칠 것 같아. 힘들어도 내 얘기 좀 들어줘." 혹은 "이 문제를 도저히 혼자서는 해결할 수가 없어. 김 대리가 듣고 뭐가 옳은지 판단을 해 줘."라는 식으로 자신의 마음 상태를 먼저 말한 후 도움이 필요함을 표현하는 것이다. 적어도 쓸데없이 불평불만을 일삼는 사람으로는 비춰지지 않을 것이다.

2. 반복적인 뒷담화는 자제하자.

말하는 사람의 의도에 부정적인 에너지가 강하면 듣는 사람은 오랜 시간 대화를 함께하기 힘들어진다. 남의 험담만큼 재미있는 얘기도 없겠지만 습관적으로 하는 뒷담화는 결국 자신의 인격을 스스로 깎아내리는 결과를 낳는다. 그것도 같은 대상에 대한 지속적인 이야기는 가볍게 시작했다 하더라도 반복이 되면 악의적인 모습으로 비칠 수 있으니 조심해야 한다. 어느 순간 당신의 그런 모습이 또 다른 사람의 뒷담화의 주제가 될 수도 있다는 것을 명심하자.

Advice '좋은 소문은 걸어가고 나쁜 소문은 날아간다'는 속담이 있다. 부정적인 말은 상당히 빠른 시간 안에 퍼지고, 처음과는 다르게 왜곡되어 부풀려지는 경우가 부지기수이다. 뒷담화가 하나의 조직문화라고 해도 드러내 놓고 받아들일 수 없는 이유는 분명히 상처받는 누군가가 생기기 때문이다. 단순한 불평, 불만과 악의적이고 고의성이 강한 말들은 자기 자신을 위해서라도 자제하는 것이 옳을 것이다.

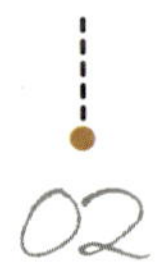

진정한 커뮤니케이션은 좋은 마음으로
상대를 바라보는 것에서 시작된다

인간적 소통이 어색해져가는 우리 조직의 소통문화,
사람 중심의 자세가 필요하다.

두 팀의 영업팀을 지휘하는 탁월해 팀장. 월초가 되어 직원들을 모아놓고 한 달간 매출 목표에 대해 의견을 나누고 있다.

"자~, A팀의 이번 달 매출 목표액은 얼마로 잡고 있나?"

"네. 50억 정도 예상하고 있습니다."

"음 좋아! 그럼 B팀은?"

"네. 적어도 60억은 가뿐하게 해낼 수 있습니다!"

"그래! 좋은 결과가 나올 수 있도록 열심히 해보자고!"

(한 달 후)

한 달간의 매출 실적에 대한 보고가 있는 날, 팀원들을 한 자리에 모아 놓은 탁월해 팀장.

"한 달간 매출 실적을 이뤄 내느라 고생들 많았네. 결과를 보니 A팀 55억, B팀 40억이군. 좋아, 목표에서 5억을 초과 달성해 주어서 정말 고맙네. 고생들 많이 했어! 하지만, 나는 B팀에게 몇 가지 질문 사항이 있네. 중간보고 때 내가 매출액에 도달하기가 힘들 것 같아 문제가 없는지 확인을 했던 것 기억하나? 그때 분명히 문제없다고 했었는데 결과를 보면 그렇지 않네. 어떻게 생각하는가?"

"죄송합니다. 예상 흐름으로는 분명히 가능할 것 같았는데……."

"그렇지. 현장의 흐름을 알고 있는 자네들 입장에서는 충분히 그럴 수 있었겠지. 내가 중간 점검 때 문제제기를 했던 건 자네들의 능력을 못 믿어서가 아니었네. 팀장으로서의 나의 역할은 실적을 높이는 것에만 집중하는 것이 아니라, 자네들이 최대한의 성과를 낼 수 있도록 환경을 만들고 문제를 해결하는 것도 있다네. 나에게 손을 내밀어 도움을 청할 수 있는 기회를 자네들의 과한 열정으로 놓쳐 버렸다는 생각이 들고, 솔직히 한편으로는 무시당했다는 생각도 드네. 자네들은 어떻게 생각하나?"

아무 말도 못하는 B팀의 팀원들. 고개를 숙인 채 잔뜩 기가 죽은 모습이다.

"어허, 자네들에게 잘못했다고 하는 것이 아니야. 나라는 사람이 왜 자네들과 함께 하는지를 알려주는 것뿐이네. 난 우리 팀원들을 전적으로 지지하고 믿고 있어. 자네들도 그랬으면 좋겠네. 이제 곧 다음 달 목표액에 도전해야 하는데 그렇게 기가 죽어 있으면 기분 좋게 도전할 수 없지 않은가? 기운내서 이번에는 나라는 사람을 제대로 한번 활용해 보길 바라겠네!

자자~, 고생들 했고 이번에 성공한 A팀에게 회식 메뉴를 정할 기회를 주고 모두들 기분 좋은 시간 보내자고!"

현실에는 존재하지 않는 팀장님이라고 생각할지 모르겠으나 실제 모 영업팀에서 있었던 사례이다. 두 개의 팀을 동시에 운영하면서 기분 좋은 경쟁 구도를 형성하고 긍정적 피드백으로 직원들의 사기를 높이는 팀장이야말로 조직에서 없어서는 안 될 중심인물이다.

NP(보호적 부모의 마음)인 탁 팀장의 자아 에너지가 전달되는 대화의 상황은 매우 따뜻하며 발신자의 자극에 따른 수신자의 반응도 부드럽게 이루어진다. 탁 팀장의 대화 형태는 기본적인 NP(보호적 부모의 마음) + A(성인의 마음)의 합리성이 더해진 조직 커뮤니케이션의 가장 올바른 형태라고 할 수 있으며, 이것은 사람에 대한 믿음이 전제되어야 가능하다. 결정권이 있는 발신자가 수신자인 팀원의 역량을 믿어 주면서 팀의 동기 부여가 확실해진 것이다.

진정한 커뮤니케이션이 되기 위해서는 어떻게 해야 할까?

1. 참을 인(忍)을 항상 마음에 새겨 두자.

성과 있는 조직을 이끌기 위해서는 직원을 믿고 지켜봐 주는 것이 중요하다. 마음을 전달하는 것보다 상황을 인식시키는 것이 더 우선이라고 생각되는 사람도 있겠으나 결국 상황을 이끌어가는 것은 '사람'이다. 상대의 마음이 내 뜻과 하나가 되게 하기 위해서는 말하기에 앞서 참을 忍을 세 번 되뇌어 보자. 하고 싶은 말보다는 해야 하는 말, 그중에서도 우선순위로 해야 하는 말의 중요성을 인식한 후 표현하는 것이다.

2. 조직 내 커뮤니케이션이 차가워지고 있다.

책에 넣을 사례를 얻기 위해 대기업에 다니는 모 부장님께 여쭤보았다.

"부장님. 요즘 회사에서 커뮤니케이션, 어떤 방법으로 하세요?"

"커뮤니케이션? 안 해!"

"네? 왜요?"

"도무지 말들을 들어 먹지를 않아! 이해를 못 하는 건지, 안 하는 건지. 아무튼 그냥 업무상 필요한 말만 간단하게 하고 길게 얘기하지는 않아. 회식자리에서나 다 같이 모일까. 그때도 요즘 친구들하고 이야기하는 시간이 길지 않아."

예상하지 못했던 말에 잠시 마음이 무거워졌다. 조직 내의 커뮤니케이션은 업무 진행만을 위해서 필요한 것이 아니라 사람 사이의 관계를 증진시키는 데도 매우 중요하다. 그런데 업무 성과를 내기 위한 하나의 도구로만 커뮤니케이션이 진행되는 요즘 조직의 소통 방식을 살펴보면 사내 인트라넷의 발달로 웬만한 이야기는 메신저를 통하거나 메일을 통해 이뤄진다. 평소에 얼굴을 맞대고 대화할 시간이 점점 줄어들면서 상대에 대해서 알아 갈 수 있는 기회가 적어지고 대화는 최소한의 예를 갖춘 표면적 소통 방식으로만 이뤄지면서 인간적인 소통이 어색해져 가고 있다. 상대에 대한 이해의 정도가 미흡하니 작은 일에도 쉽게 갈등 상황이 발생하고 해결도 원만하지가 않다.

조직이 끊임없이 성장해 가는 데는 구성원간의 소통이 기본이다. 아이디어가 생성되고, 비전이 공유되어, 성과를 창출할 수 있도록 한 방향으로 움직이게 하려면 통하는 조직 문화가 필요하다. 이는 개개인에서부터 출발하여 하나의 문화를 이루게 된다. 지금 현재 우리 조직의 커뮤니케이션 문화는 어떠한가? 한 번쯤 되짚어 볼 때이다.

자신 앞에 서 있는 사람의 모습을 유심히 살펴보자. 어떤 모습으로 보이는가? 어떤 모습이든 그 모습은 현재 당신이 만들고 있는 것이다. CP(비판적인 부모의 마음)의 강한 어조로 당신 위에 군림하려 하는 모습, NP(보호적 부모의 마음)의 부드러운 표정과 말투로 칭찬과 격려를 하는 모습, A(성인의 마음)의 합리적이고 논리 정연하게 말하며 냉철하게 현실감을 일깨워주는 모습, FC(자유로운 아이의 마음)의 통제가 다소 어렵기는 하지만 마음껏 자신의 의사표현을 하며 분위기를 띄우고 있는 유쾌한 모습, AC(순응하는 아이의 마음)의 모든 것에 순응하며 당신을 올바른 방향으로 이끌어주기를 기다리고 있는 모습.

소리가 아닌 사람의 자아 상태에 오감의 촉을 세우고 상대를 바라보자. 그들의 모습은 당신이 바라는 대로 바뀔 수 있다. 자아의 마음 상태의 균형감을 조율할 수 있는 지혜와 어긋난 관계를 바로잡을 수 있는 커뮤니케이션 기술은 '사람을 중심으로 놓고 그 사람에 대한 관심을 갖는 것'에서 시작된다는 점을 꼭 기억하자.

4장

성과를 높이는 자극과 인정, 스트로크

1

스트로크란?

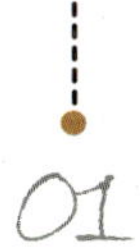

관계의 시작,
스트로크

인간은 누구나 스트로크(Stroke)를 원한다?

명절을 앞두고 며칠째 사무실은 급박하게 돌아간다. 점심시간을 넘긴 시간, 저 멀리서 늘 제멋대로 일을 진행하는 김 부장이 소리친다.

"이봐 우리 팀 오늘 회식이다. 저녁에 시간 비워 둬!"

그러자 우리 팀원들은 파티션 위로 서로 불만스런 눈짓을 보낸다.

회식은 의미 없는 '부어라, 마셔라'를 외치며 2차, 3차를 향하고 12시가 넘어간다. 너무나 많은 것을 먹어 더부룩한 배를 움켜쥐고 집으로 돌아왔을 때는 이미 1시를 넘겼다. 아무도 없는 집에 들어오자마자 무의식적으로 냉장고를 뒤적이고 있는 나를 발견한다. 사실 배가 고픈 것은 아니다. 이미 회식 자리에서 더 이상 들어가지 못할 만큼 먹었다. 기러기 아빠 4년차. 회사에서도, 집에서도 나는 허기지다.

◆　◆　◆

당신은 문득 '왜 이렇게 먹어도 먹어도 배가 고플까?'라는 생각을 해본 적이 있는가?

근무 시간 바쁘게 움직이며 모니터를 쫓다 문득 고개를 들어보니 무표정한 모습으로 나와 똑같은 일을 하는 직원들이 눈에 들어온다. 이런 순간이면 어김없이 허기가 밀려온다. 특히 요즘처럼 온라인상의 업무가 넘쳐나고 직접적 인간관계가 줄어들고 변화가 빨리 찾아오는 비즈니스의 문화 속에서 우리는 이러한 현상을 자주 접하게 된다.

미국의 학자 로저 굴드(Roger Gould)는 "인간에게는 정서에 반응하는 유령 위장이라는 것이 있다"고 말했다. 기분이 좋지 않거나 누군가 그리울 때 배가 고프고, 누군가와 믿음이 생기거나 친밀한 감정을 느끼게 되는 순간 공복감은 사라진다고 한다. 사람의 몸을 움직이고 에너지를 만들기 위한 생리적 위장이 있는가 하면 이처럼 사람이 정신적으로 움직이고 에너지를 발생하게 하는 '정서적 위장'도 존재한다. 정서적인 배고픔은 음식을 먹어도 결코 채워지지 않는다.

배고픔만큼이나 많이 들어본 말이 있다. '나는 널 보고 있기만 해도 배가 부르다!' 전쟁을 치룬 50년대 이후를 살아오면서 우리의 어머니들이 자라나는 아이들을 향해 자신의 밥을 양보하며 한 번쯤 해봤을 말, 또는 우리가 연애를 할 때 해본 말일 것이다. 그렇다면 '보고만 있어도 배부르다'는 이 말은 그저 상대의 기분이 좋아지라고 한 말이었을까? 그렇지는 않다. 사람을 만나서 친밀감이 형성되면 우리 뇌는 생리적 포만감과 같은 정서적 포만감을 느끼게 된다고 한다. 그리고 이 포만감은 다른 활동에 많은 영향을 끼친다. 포만감을 느끼지 못하는 많은 직장인들이 회사에서 성과를 내지 못하고 있다. 그들은 늘 허기지고 힘들다. 직장인의 성과에도 영향을 미치는 이 유령 위장의 시작은 과연 어디일까?

인간관계 혹은 직장 생활에서 나를 인정해주고 따뜻한 미소를 보내는 사람을 만나보았을 것이다. 우리는 이런 사람에게 안정감을 느낀다. 그 사람을 위해서 무엇인가를 잘하고자 하는 자극을 받기도 한다. 인간은 살면서 누군가에게 끊임없이 인정받기를 원하고 시도하는데 이러한 현상을 교류분석에서는 다음과 같이 표현한다.

"스트로크를 주고받으며 발생하는 자극-인정 혹은 자극-기아에 의해 사람은 긍정적 성장을 이루기도 혹은 실패를 맛보기도 한다."

스트로크(Stroke)는 생존을 위한 가장 기본적인 욕구이자 현대 사회의 성공적 비즈니스를 위한 기본적인 '자극-인정'의 단위이다. 지금부터 직장 생활뿐만 아니라 인간관계에서 사람을 성장시키기도 죽이기도 하는 스트로크를 자세히 알아보자.

교류분석에서 '~을 치다', '~을 두드리다', '~자극을 주다'의 뜻을 가진 스트로크는 '인정'의 한 단위(A Unit of Recognition)로 정의된다. 즉, 사람과 사람의 교류에서 발생하는 가장 작은 단위의 '자극-인정'을 우리는 '스트로크'라고 말한다. 아침 출근길 동료들을 향해 '좋은 아침입니다!'라고 인사(Stroke)를 했는데 반응이 없다. 이때 우리는 동료의 무반응에 박탈감을 느낀다. 즉, '자극-기아(Stimulus-Hunger)'를 경험하게 되는 것이다. 이 순간 우리의 유령 위장이 활동을 시작한다. 그러다 누군가 나를 향해 눈인사를 보내오면 마음이 안정되고 갑자기 느껴지던 공복감은 사라진다. 교류분석의 창시자 에릭 번(Eric Berne)은 다른 사람으로부터 인정을 받으려는 욕구를 '인정-기아(Recognition-Huger)'라고 불렀다.

당신은 어렸을 적 무엇인가를 잘하면 받았던 스티커 혹은 스탬프를 기억할 것이다. 우리는 커다란 물질적 보상이 아님에도 그 스티커나 스탬프를 받기 위해 같은 일을 반복해서 해내기도 하고 잘못된 부분을 고쳐가기도 하면서 행동을 강화해왔다. 이와 같이 우리는 스트로크를 통해서 자신의 존재감을 인정받기도 하고 박탈감을 느끼기도 하면서 인생의 스탬프를 쌓아가고 있다.

직장 생활의 인간관계 또한 이러한 작은 스트로크의 연결 속에서 스탬프가 쌓이고 행동의 방향이 긍정적으로 또는 부정적으로 강화되기도 하며, 결과적으로 우리의 성과에 영향을 미치게 된다. 즉 우리의 팀원이 성과를 내고 있지 못하다는 것은 우리들 스스로(나, 너, 혹은 리더)가 성과를 낼 수 있도록 스트로크를 주고 있지 못한다는 결론이 나온다.

좋은
아침입니다!
...
하~암

뭐지?
이
박탈감은...

여어~홍대리
좋은아침!
!

아름다운
아침
이에요...
으잉?

이번 장에서는 스트로크에 대해서 자세히 알아보고 자신의 현재 스트로킹을 점검하여 긍정적 성과를 낼 수 있도록 스트로크를 전환시켜 보자.

그러기 위해서 다음의 세 가지에 대해서 고민하며 다음을 읽어가기 바란다.

1. 성과를 내는 스트로크를 익히기 위해 그 종류와 의미를 이해할 필요가 있다.

그것이 어떻게 적용되는지는 아주 방대하기 때문에 뒤에서 좀 더 구체적으로 알아보기로 하고 종류에 대해서만 언급해보기로 하자. 우리가 접하는 스트로크에는 언어적 스트로크와 비언어적 스트로크, 긍정적 스트로크와 부정적 스트로크, 조건적 스트로크와 무조건적 스트로크가 있다. 삶의 질과 인생의 태도를 형성하는 데 가장 많은 영향력을 발휘하는 스트로크는 6가지의 방향으로 나누고 그에 따라 성장과 성과의 결과물이 달라질 수 있음을 기억하자.

2. 스트로크 필터를 열고 스트로크를 제대로 주고받는 연습이 필요하다.

우리는 자라면서 실제 우리가 받는 스트로크와 자기 자신이 받아들이는 자극 사이에서 스트로크 필터(Stroke Filter)라는 것이 생겨난다. 이 필터로 우리는 받고 싶은 스트로크만 선택적으로 받아들이거나 걸러내어 자신의 현재 모습을 유지시켜 나가려고 하는데 이때 오해가 발생하기도 한다. 예를 들어 어떤 사람들은 직장 생활을 하면서 긍정적 스트로크를 받기 힘들다고 느끼자 다른 사람을 신뢰할 수 없다고 단정하고 더 이상 긍정적 스트로크를 원하지 않는 대신 부정적 스트로크에만 집중한다. 그러다 보면 칭찬을 해도 스스로 자신을 평가 절하하고(디스카운트) 자신을 부정하는 행동을 보인다. 이런 것이 지속되면 인간관계에 문제가 발생하고 다른 사람에게 기피의 대상이 되기도 한다. 그렇게 계속 스트로크 필터를 열지 않고 막아둔다면 당신은 인간 관계 속에서 고립감과 우울감을 경험하게 될지도 모른다.

이제부터 당신은 제대로 스트로크 주고받기 연습을 시작하라. 연습 방법은 다음과 같다. 일주일에 한 번은 팀별로 둥그렇게 모여 앉는다(초기에는 3~4명이 적당). 3분 동안 한 사람씩 순서를 정하여 그 사람에게 언어적 스트로크를 한다. 긍정적인 스트로크와 부정적인 스트로크 중 어느 한 쪽을 줄 것인지 양쪽 다 사용할지 결정한다. 무조건적(인간 자체) 스트로크와 조건적(행동) 스트로크 모두 사용 가능하다. 그렇게 스트로크를 주었다면 이제부터 우리가 제대로 했는지 점검해 보기로 하자.

스트로크를 받은 사람에게 물어본다.

- 기대했던 스트로크는 어떤 것이었는가?
- 기대하지 않았던 스트로크는 어떤 것이었는가?
- 좋았던 스트로크는 어떤 것이었는가?
- 좋지 않았던 스트로크는 어떤 것이었는가?
- 받고 싶었지만 받지 못했던 스트로크는 어떤 것이 있었는가?

한 명씩 진행하고 모두의 순서가 돌아갔다면 서로를 안아주도록 한다. 이제 우리는 서로 원하는 스트로크에 대해서 알게 되었다. 그들을 움직이게 하고 성과를 내도록 하는 힘이 무엇인지를 충분히 알게 된 것이다. 이제 당신의 노력만이 남았다.

3. 스트로크를 제대로 요청하고 또한 자가 스트로크를 해주어야 한다.

우리나라 사람들은 자기 겸손과 자기표현 절제를 미덕으로 삼는 경향이 있다. 물론 겸손, 절제가 아름다운 단어임은 부정할 수 없다. 그러나 우리는 그 틀 안에 갇혀 진정 원하는 삶에 대해 말하지 못하고 자란다. 그리고 40살이 넘은 나이에 나는 무엇을 위해 살아왔는가를 뒤돌아보며 한숨을 쉰다. 당신은 아니라고 말할 수 있는가?

나는 그렇게 살았음을 부정하지 못한다. 다른 사람의 칭찬에도 겸손이라는 이름으로 자신을 디스카운트 했으며 형제 많은 집에 태어나 부모님을 속상하게 할지도 모른다는 마음에 갖고 싶어도, 하고 싶은 일이 있어도 마음껏 표현해본 적이 없었다. 이것은 성장해서 직장 생활을 할 때도 같은 모습으로 나타났다. 회사에서 내 몫의 일이 많이 쌓여 있음에도 나는 거절하지 못했으며, 잘하고 있는지 스스로 불안에 빠져 있어도 상사를 실망시킬까봐 혼자 머리를 싸매고 있었다. 필요한 스트로크를 채우지 못해 힘들어하면서도 혼자 고군분투한 적이 한두 번이 아니다. 잘한 일에 대해서도 칭찬해 달라고 말해보지 못했다.

왜 우리는 필요한 스트로크를 요청하지 못할까? 엎드려 절 받기라는 속담처럼, 이것은 우리의 겸손에 크나큰 적이기 때문일지도 모른다. 이제 당신의 성장을 위해 지나친 겸손과 자기표현 절제에서 벗어나야 한다. 이제 원하는 스트로크가 무엇인지 말할 수 있어야 한다. 지금 당장 당신이 스트로크를 할 수 있는 입장이 아니라면 말이다. 하지만 시작은 쉬운 것이 아니다. 이렇게 시작해 보자.

자신이 받고 싶은 스트로크를 열 가지 이상 적고(언어적 스트로크, 비언어적 스트로크) 자신이 원하는 상대에게 스트로크를 한 가지 말해달라고 요청하라. 단 이미 친밀한 관계의 사람부터 시작하는 것이 좋다. 이제 상대가 요청한 스트로크를 주면 고마운 마음을 정중하게 표현하라. 이것이 익숙해지면 조금 더 범위를 확대시킨다. 이 과정에서 자신이 받은 스트로크에 대한 감정들을 정리하는 것이다. 진정으로 만족감을 느꼈는지 아직 무엇이 부족한지. 그리고 이젠 스스로에게 '자신을 믿는다고, 사랑한다고' 스트로크 해주도록 한다. 그것만으로도 당신은 스스로에게 자존감을 심어줄 수 있으며, 그것이 쌓이면 자기 유능감(어떤 일이든 잘 해낼 수 있다는 스스로에 대한 믿음)도 맛보게 될 것이다.

2004년 영국문화원에서 창립 70주년을 기념하여 비영어권 102개국 국민들을 대상으로 가장 아름다운 영어 단어가 무엇인지 설문 조사를 한 적이 있다. 과연 그 단어는 무엇이었을까? 사랑(Love)? 4위를 차지했다. 3위는 미소(Smile), 2위는 열정(Passion)이 차지했다. 그렇다면 1위는 과연 무엇이었을까? 바로 어머니(Mother)였다. 왜 어머니라는 단어가 가장 아름답다고 손꼽혔을까? 우리가 태어나서 처음으로 마주하는 사람이 바로 어머니다. 처음으로 눈을 맞춰주고 안아주고 쓰다듬어주며 안정과 신뢰를 느끼게 해준다. 그래서 어느 문화 속에서도 어머니라는 단어가 강력하게 작용하는 것이 아닐까 싶다. 어쩌면 이러한 생애 최초의 스트로크가 우리를 만들어가는 것이 아닐까라는 생각도 든다. 이 스트로크는 무엇보다도 강력하여 우리 마음속에 자리 잡고 있다가 필요에 의해 조금씩 꺼내어 쓰게 된다. 그러나 이 스트로크는 한정적이어서 언제까지나 남아 있는 것은 아니다. 그래서 인간은 살면서 지속적으로 스트로크를 원하게 된다. 원하는 스트로크를 받을 때 인간은 조금 더 긍정적인 방향으로 성장을 거듭하게 된다.

당신의 팀원이 성과를 내기를 원하는가? 그렇다면 스트로크에 관심을 가져라. 그들이 원하는 스트로크는 무엇인가? 성과를 낼 수 있도록 성장시키는 힘은 바로 이 스트로크에서 찾을 수 있을 것이다. 앞으로의 내용을 참고하여 스트로크를 제대로 활용해보자.

언어적 스트로크
비언어적 스트로크

나도 모르게 전달되는
나의 언어적, 비언어적 스트로크를 점검해보자.

오늘도 정신없이 돌아가는 광고회사 M의 오후 풍경.

"이 팀장님, 오늘 김 부장님 얼굴 보셨어요? 표정이 영 안 좋죠?"

잔뜩 긴장한 기획1팀 오영철 대리는 아까부터 안절부절못하며 말을 건넨다.

"응. 늘 그렇잖아. 화나 있는 게 하루 이틀인가, 뭐."

이 팀장은 시큰둥하게 대답하고는 다시 묻는다.

"왜, 무슨 일 있었어, 오 대리?"

"그게, 며칠 전 이 팀장님 출장 가신 사이에 이번 J회사 하반기 프로모션 건으로 기획안 올렸다가 엄청 깨졌어요. 이게 무슨 기획이냐, 생각이 있냐, 없냐! 그런데 오늘 그 건 다시 보고해야 하는데, 김 부장님 아까 제 옆에 지나가면서 절 보고 한숨을 푹 쉬시더라고요."

"늘 있는 일인데……. 신경 쓰지 마!"

사실 이 팀장도 섭섭하긴 마찬가지다. 몇 달간 진행된 경쟁 프레젠테이션을 멋지게 마치고 승전보를 가져왔는데도 김 부장은 보고를 듣고는 수고했다는 말 한마디로 끝났기 때문이다.

사례를 보면 직원들은 김 부장을 멀리할 것이라는 짐작을 할 수 있다. 원인이 뭘까? 먼저, 오 대리는 이미 김 부장의 표정만으로도 김 부장에게 다가가기를 꺼려하고 있다. 이유는 간단하다. 김 부장이 화가 나 있다고 생각해서다. 세월을 거슬러오며 열심히 일한 김 부장의 미간에는 깊은 주름이 잡혀 있다. 잠시라도 표정 관리에 신경 쓰지 않는다면 무뚝뚝하고 화나 있는 사람처럼 보일 것이다. 그래서 오 대리도 실제로 김 부장이 화가 났는지 여부와 관계없이 이미 김 부장을 오해하고 있는 것이다. 그것이 바로 팀원이 당신을 멀리하게 하는 '비언어적 스트로크'이다.

당신이 사무실에서 자신도 모르게 나오는 한숨을 쉬면서 지나갈 때 직원들은 당신을 오해할 수 있다. 당신의 딱딱한 표정과 한숨이 뒤섞인 비언어적 스트로크를 받은 직원들은 자신을 한심하게 여긴다는 메시지로 받아들인다. 오비이락(烏飛梨落)이라는 말도 있지 않은가. 사람과의 교류에는 언제든 이런 황당한 일이 발생하기 마련이다. 그 이유는 바로 '의도'보다 '지각'이 중요하게 작용되기 때문이다.

예를 들어 당신이 눈을 찡긋했을 때 그 순간 당신과 눈을 마주친 사람에 따라 반응이 다를 수 있다. 이성이 당신과 눈을 마주쳤다면 '저 사람이 나에게 관심이 있나?'라고 생각할 수 있고, 당신의 동료가 보았다면 '뭐 도와달라는 건가?'라고 생각할 수 있다. 그만큼 비언어적 스트로크는 오해를 부르기 쉽다. 이것은 단지 인간관계에만 머무르는 것이 아니라 업무의 성과에도 차질을 불러올 수 있다. 당신이 무서운 인상으로 자리를 지키고 있다면 당신의 팀원은 문제가 발생해도 당신에게 쉽게 다가와 도움을 청하지 못할 것이고, 결국 당신은 호미로 막을 수 있는 것을 가래로 막아야 하는 상황까지 갈 수 있다. 이제 당신의 인상처럼 비언어적 스트로크 관리도 성과 관리의 하나임을 잊지 말자.

이제 시큰둥한 이 팀장의 입장도 돌아보자. 이 팀장은 모처럼 프로젝트를 멋지게 해내고 사무실 복귀를 한 상태다. 그는 지금 자신이 뿌듯하다. 그만큼 다른 사람에게도 인정받고자 하는 마음이 크다. 그런데 막상 사무실에 와서 보고를 하니 "이 팀장, 수고했어."라는 가벼운 한 마디뿐이었다. 특별한 보상을 원한 것은 아니다. 회사에서 당연히 할 일을 한 것뿐이니까. 하지만 이번 프로젝트를 위해 두 달간 야근과 함께 엄청난 스트레스를 이겨내고 이번 경쟁 프레젠테이션에서 성공한 이 팀장은 그래도 조금은 더 진심이 담긴 격려와 칭찬을 원했을 것이다. 하지만 김 부장의 덤덤한 반응에 섭섭한 마음이 들고 일이 쉽게 손에 잡히지 않았던 것이다.

당신은 어떤가? 만약 김 부장처럼 "수고했어."라는 한마디만 하는 리더라면, 지금부터 당신은 팀의 성과를 높이는 언어적 스트로크를 배울 필요가 있다. 김 부장은 오 대리와 이 팀장 둘 모두에게 언어적인 스트로크 기아를 불러일으켰다. 그것은 그들에게 불만족을 가지게 할 것이고 부실한 성과로 나타날 수 있다.

성과의 공식은 이렇다.

P = A × M (Performance = Ability × Motivation)

그러나 여기서 좀 더 성과를 높이는 공식으로 바꿔보자.

P = C × C (Performance = Competence × Commitment)

첫 번째 공식에서는 'Ability(능력)'는 관련된 지식의 숙지와 경험을 뜻하고 'Motivation(동기)'은 업무에 관련된 자신감과 동기부여를 뜻한다. 이를 위해서는 언어적 스트로크가 필수적이다. 올바른 언어적 스트로크를 통해서 'Ability(능력)'는 성과를 높이기 위한 'Competence(경쟁력)'가 되고 'Motivation(동기)'은 'Commitment(헌신)'가 되어 업무의 성과는 더욱 향상되는 것이다.

잘 전달된 언어적 스트로크는 팀원의 마음을 열게 하고 그들의 창의력을 깨울 수 있게 된다. 그들의 기술이나 그들의 헌신이 부족하다면 그들의 역량을 알아보지 못하고 그에 알맞은 언어적 스트로크를 하지 못한 리더의 책임이다. 그들의 엉뚱한 발언도 웃으며 격려해주고 당신이 요구하는 바를 명확하게 다시 알려주는 것이 리더의 역할이자 좋은 언어적 스트로크인 것이다.

성과를 올리고 싶다면 당신이 먼저 변해야 한다.

1. 평소 자신의 비언어적 스트로크를 점검하자.

당신의 인상을 좌우하는 표정, 음성, 어투, 어조, 제스처 등은 어떤지 거울을 보고 자가진단을 하자. 그리고 객관성을 확보하기 위해 팀원들에게 도움을 청하라. 스스로가 생각하는 당신의 모습과 타인이 생각하는 당신의 모습은 완전히 다를 수 있다.

2. 마음에 들지 않고 상황에 맞지 않는 말을 하는 팀원이 있을 때도 그들을 인정해주자.

윽박지른다고 해서 그들이 갑자기 좋은 생각을 해낼 수 있는 것은 아니기 때문이다. 또한 그 순간을 참지 못하고 질책한다면 다른 팀원 역시 질책이 두려워 자신의 생각을 말하지 못할 수 있다. 그렇다면 좋은 아이디어를 가진 다른 직원의 기회마저 없어지는 것이다. 부족한 아이디어를 내는 팀원이 있더라도, 당신이 요구하는 것이 아닐지라도 '창의적'이라는 칭찬을 아끼지 말라. 그리고 좀 더 구체적으로 당신이 요구하는 부분에 대한 아이디어를 찾아보자고 영역을 한정해 주어야 한다. 그들에게 조금 더 긍정적인 비언어·언어적 스트로크를 준다면 그들은 실패를 두려워하지 않고 성과를 위해 노력하는 팀원이 될 것이다.

3. 성과의 결과에 대해서는 물론 그들의 수고와 노력에 대한 인정의 스트로크를 해주자.

그들의 헌신은 자신을 인정해 준다고 느낄 때 배가된다. 당신이 줄 수 있는 최고의 선물은 휴가도 포상금도 아니다. 그들을 향한 지속적인 칭찬과 격려를 통해 믿음을 주는 것이다.

이제 당신은 성공하는 즐거운 셀프 리더 또는 팀의 리더가 될 준비가 되었다. 당신이 진정 팀의 리더로 자리를 굳건히 하는 방법은 성과를 닦달하는 것이 아니라는 점만 기억하자. 그들이 자발적으로 움직이도록 영향력을 보여주어라. 비언어적인 스트로크를 잘 활용하여 말하지 않아도 당신이 얼마나 다른 사람을 향해 오픈되어 있는지를 보여주어라. 그리고 센스 있는 당신이라면 앞서 배운 비언어적 스트로크뿐만 아니라 새로운 것에 도전하라. 당신의 팀을 위해 작은 선물을 준비해보자. 자판기 커피라도 좋다. 당신의 마음이 담긴 짧은 메모가 함께라면 이것은 말하지 않아도 강력한 스트로크로 자리매김할 것이다.

또한 성과를 말하기 전에 믿음과 즐거움을 주는 리더가 되어라. 그것에 대한 보상은 팀원들의 신뢰와 웃음이다. 가장 강력한 비언어적 스트로크는 웃음이다. 그리고 가장 강력한 언어적 스트로크는 사랑한다는 말이다. 웃으며 표현하라! 당신을 믿고 사랑한다고.

긍정적 스트로크
부정적 스트로크

팀원의 자기 효능감 또는 자기 유능감을 높여주는
긍정적 스트로크를 습관화하자!

오미진 씨는 입사하자마자 인수인계를 받았고 전 담당자는 바로 퇴사를 했다. 각 팀의 설계도를 찾아주는 일과 선적 날짜에 맞추어 검사를 진행하고 검사를 위해 공문을 보내는 일 모두가 쉽지 않았다. 한꺼번에 일이 몰리면 실수가 생겼고, 그에 따른 질책을 받은 경험이 있어 노심초사하며 일하고 있었다.

그날도 일이 꼬이기 시작했고 주변에 일을 도와줄 사람은 박 과장밖에 보이지 않았다. 박 과장을 향해 도움의 눈길을 보내 봤지만 언제나처럼 그는 피곤해 보이고 짜증스런 표정이다. 그는 모르는 것에 대해 물어보면 "미진 씨, 그 전에 하던 사람은 알아서 잘하던데. 답답하네."라며 알아서 하라는 말만 반복했다. 그래서 그에게는 더 이상 도움을 청하기 어려웠다. 결국 이것저것 뒤져 보며 방법을 찾아보기로 했고, 그날은 일이 잘 끝난 줄 알았다. 그런데 문제는 이틀 뒤, 선적 전 검사가 이루어져야 하는데 공문이 잘못되어서 진행할 수 없다고 연락이 왔다. 막대한 손실이 생길 수 있는 문제였다. 그 소식을 들은 이 팀장이 현장에 급파되어 문제를 해결하기에 이르렀고, 지금 사무실로 들어오는 길이라는 연락을 받았다.

문제는 해결되었지만 자괴감에 빠진 오미진 씨는 지금 회사를 그만두어야 하는가에 대해 심각하게 고민 중이다.

당신은 왜 그녀가 그렇게 큰 실수를 했다고 생각하는가? 일이 능숙하지 않아서? 맞다. 그것도 문제의 한 가지 원인이다. 입사한 지 얼마 되지 않은 그녀가 혼자 처리하기에는 역부족인 부분이 틀림없이 있었을 것이다. 그럼에도 불구하고 도와주는 사람이 없었으므로 문제가 발생하리라는 것은 불보듯 뻔한 일이었다.

1931년 하인리히(Herbert William Heinrich)가 펴낸 『산업재해 예방 : 과학적 접근 Industrial Accident Prevention : A Scientific

Approach』라는 책에서 소개된 '하인리히 법칙'이라는 것이 있다. 출간 당시 하인리히는 미국의 트래블러스 보험사(Travelers Insurance Company)의 엔지니어링 및 손실통제 부서에 근무하고 있었다. 업무 특성상 수많은 산업재해 통계를 접하게 되었고 그 사례 분석을 통해 하나의 통계적 법칙을 발견하였다. 그것은 바로 산업재해가 발생하여 중상자가 1명 나오면 그 전에 같은 원인으로 발생한 경상자가 29명, 같은 원인으로 부상을 당할 뻔한 잠재적 부상자가 300명 있었다는 사실이었다. 하인리히가 발견한 이 법칙은 '1:29:300 법칙', 또는 그의 이름을 따서 '하인리히 법칙'이라고도 부른다. 이 발견으로 큰 사고는 우연 또는 순간적으로 발생하는 것이 아니라 반드시 그 전에 경미한 사고 또는 징후들이 반복된다는 것이 실증적으로 입증되었다.

하인리히 법칙은 사소한 문제가 발생하였을 때 이를 자세히 살펴 그 원인을 파악하고 잘못된 점을 바로잡기만 해도 대형 사고나 실패를 방지할 수 있다는 사실을 말해준다. 역으로, 징후가 있음에도 이를 무시하고 방치한다면 다시는 돌이킬 수 없는 대형 사고를 불러올 수 있다는 것을 경고한다.

이제 이 하인리히 법칙을 오미진 씨 경우에 적용해보자. 설명된 부분처럼 오미진 씨는 이미 여러 번의 실수를 통해 업무에 대한 부족한 부분을 수정해 왔다. 그러나 주변에서는 그 징후들을 사소하게 넘겼고, 결국 큰 사고가 일어 났다. 이 사고의 책임은 함께 일하고 있는 동료에게 더 크다고 볼 수 있다. 그 녀가 도움이 필요해 주변을 둘러봐도 그녀를 도울 사람이 없었고 그나마 있던 박 과장은 그녀의 징후를 무시했으며 평소에 부정적 스트로크를 줌으로써 어 려움에 봉착했을 때 다가갈 수 없게 사전 봉쇄하였다. 그럼에도 불구하고 그 녀는 모두가 모여 이 문제에 대한 이야기를 꺼내고 책임을 물었을 때 자신의 잘못을 인정하고 용서를 구할 것이다. 하지만 그녀가 과연 앞으로 실수 없이 잘해낼 수 있을까?

근본적으로 그녀는 그동안의 실수에서 받은 부정적 스트로크와 이번 사건 으로 일에 대한 자신감을 상실해 버렸다. 자신이 계속 이 회사를 다녀야 하는 가에 대해서도 강한 의구심을 갖기 시작했다. 그녀는 스스로 일을 잘할 수 있 다고 느끼는 자기 효능감을 잃어버렸다. 이 상태로는 또다시 실수를 반복하고 좌절한 채 회사를 떠나고 말 것이다. 오미진 씨는 아직 일이 익숙한 상태는 아 니다. 하지만 그녀가 일에 익숙해지고 있으며, 이번 일로 그녀를 해고하지 않 고 같이 일하기로 결정한 순간 당신이 해야 하는 것은 그녀를 성장시키는 것 이다. 리더는 직원의 직무 역량에 맞는 스트로크를 준비해야 한다.

서로가 즐거워지는 스트로크의 실천 방법은 무엇일까?

입사 후 1년까지의 직원은 열정은 넘치나 직무 역량이 낮다. 따라서 그 시기에는 일을 잘하지 못한다는 부정적 스트로크보다는 그의 열정에 관심을 가져주고 긍정적인 스트로크를 주는 것이 중요하다. 아직 익숙하지 않은 일에 실수를 하는 것은 당연하다. 따라서 관심을 가지고 긍정적인 스트로크를 준다면 그를 성장시킬 수 있다. (물론 반복되는 실수라면 당연히 부정적인 스트로크도 성장을 위해 필요하다.)

2년차가 넘어가면 그들은 이제 자신이 잘할 수 있는 일이 무엇인지 안다. 그들은 이제 못하는 것을 피해가고 싶어 성장을 멈추기도 한다. 그때도 당신은 그들을 성장시키기 위한 긍정적 스트로크를 준비해 주어야 한다. 잘하고 있다고 방심하는 순간 그들은 그만큼만 한다. 이제 잘하고 있는 것에 대해서도 지속적으로 '칭찬'함으로써 그들의 방심을 막자.

또한 실패를 경험한 적이 있는 직원들은 간혹 잘하는 일에만 매달리는 경향을 보이기도 한다. 자신이 실수하고 못해내면 윗사람에게 인정받지 못하고 기회를 잃어버릴지도 모른다는 두려움이 함께 존재하기 때문이다. 그들에게 필요한 스트로크는 '인정(認定)'이다. 실수를 하더라도 기회를 다시 줄 것이고 역량이 있으며, 노력하는 모습이 자랑스럽다는 긍정적 스트로크를 준다면 그들은 당신에게 성장하는 모습을 보여줄 것이다. 당신이 줄 긍정적 스트로크는 '신뢰'이다. 그들을 믿고 그들이 책임지고 일할 수 있도록 자리를 마련해 주어라. 그들은 당신의 긍정적 스트로크에 감동할 것이고, 충성을 약속할 것이다.

이제 당신은 언어적·비언어적으로 긍정적 스트로크를 줌으로써 팀원을 성장시켜야 하는 이유를 알았을 것이다. 그렇다면 구체적인 실천 방법을 찾아보자.

1. 양적으로 만족스러워야 한다.

팀원이 긍정적인 스트로크 2개를 주었다면, 당신도 2개 또는 3개 이상의 스트로크로 답해야 한다. 예를 들어 "부장님 휴일 잘 보내셨어요? 오늘 넥타이 색이 잘 어울리시네요!"라고 인사를 했는데 "아, 그래요."라는 답만 하고 자리를 떠났다면 긍정적인 스트로크를 준 사람은 부족한 스트로크로 인해 섭섭한 마음이 생길 것이다. 그에 맞는 양을 채워주는 것이 중요하다.

2. 질적으로 만족스러워야 한다.

예를 들어 오랜만에 거래처와 만나는 날, 상대가 함박웃음을 지으며 다가와 손을 내밀며 어깨를 쓰다듬었다고 하자. 그런데 내가 그런 상대를 향해 다가가며 그의 손을 미처 보지 못하고 고개 숙여 정중하게 인사를 했다면 어떻게 될까? 잔뜩 긍정적 스트로크를 준비했던 거래처 사람은 멋쩍은 듯 손을 거두게 될 것이다. 이미 상대는 질적으로 만족스럽지 못한 스트로크를 받았으며, 그것은 곧 감정적으로 당신을 거부할 이유가 되었다는 것을 명심하라. 긍정적 스트로크를 줄 때 그 질적 수준도 균형 있게 맞추는 것이 중요하다.

3. 상황에 맞게 스트로크해야 한다.

긍정적인 스트로크를 주어야 할 시기를 놓쳤다고 "아까 제가 봤는데요." 하며 엉뚱한 타이밍에 스트로크를 주는 것은 오히려 역효과를 낼 수도 있다. 아무리 긍정적인 스트로크라고 해도 현재의 상황을 고려하지 않는다면 하지 않은 것보다 나쁠 수 있음을 기억하라.

『칭찬은 고래를 춤추게 한다』라는 책을 본 적이 있을 것이다. 3톤이 넘는 범고래를 춤추게 하는 힘은 칭찬에서 나온다. 당신의 팀원을 춤추게 하는 힘도 역시 칭찬이다. 긍정적인 스트로크의 대표적인 것은 바로 칭찬과 격려, 그리고 그들을 향해 웃어주는 당신의 미소다. 성과 창출이 되지 않는 기업은 망한다. 그러나 그 성과를 내는 팀원이 없는 회사는 존재조차도 할 수 없다. 지금의 팀원들이 부족하다고 느끼는가? 그것은 당신의 긍정적인 스트로크가 부족하기 때문이다. 사람을 성장시키는 가장 큰 힘은 바로 최대한의 긍정적 스트로크와 최소한의 부정적 스트로크임을 기억하자.

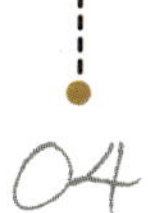

조건적 스트로크
무조건적 스트로크

조건적 스트로크와 무조건적 스트로크는
관계의 질을 결정한다.

　우리 팀의 이 과장과 정 과장은 모두 좋은 사람들이다. 리더로서의 역할도 잘 하고 직원들도 잘 챙겨준다. 다만 두 사람에게는 약간의 차이가 있는데, 예를 들면 어떤 일을 하다 잘못됐을 때 이 과장과 정 과장의 반응은 다음과 같이 다르다. 먼저, 이 과장은 일이 어떻게 됐는지 충분히 들어주고 마지막에는 등을 쓰다듬어주며,

　"윤 대리, 자네를 믿네. 자네가 우리 팀에 있어서 내가 얼마나 힘이 되는지

몰라. 힘내게. 자네는 언제나 문제를 잘 해결해내지 않았나. 이번에도 문제없이 해내리라고 믿네. 하지만 그 문제가 어렵다면 함께 방법을 찾아보세.”

라고 말하면서 등을 쓰다듬어 준다. 반면 정 과장은 충분히 이야기를 들어주긴 하지만,

“윤 대리 자네가 수고한 것은 잘 알고 있네. 고생했어. 그렇지만 난 자네가 더 분발해서 그 건을 마무리하면 좋을 것 같네. 그래야 내가 다음 일도 안심하고 맡길 수 있을 것 같네.”

라고 말한다.

사례의 이 과장과 정 과장 모두 좋은 리더임은 틀림없다. 이 과장과 일을 한다면 당신은 몰라보게 성장할 수 있으며, 일에서 성취감을 느낄 뿐만 아니라 인간적으로도 따라가고 싶은 멘토로 느껴질 것이다. 그러나 정 과장과 일을 한다면 당신은 성취감을 맛볼 수는 있지만 어느 순간 알 수 없는 허전함을 느낄 것이다. 그렇다면 좋은 리더 정 과장과 인간적으로도 닮고 싶은 멘토 이 과장과의 차이는 뭘까?

두 사람은 긍정적인 스트로크를 언어적인 스트로크와 비언어적인 스트로크를 통해 주었다. 차이는 한 가지다. 바로 ‘조건적’ 스트로크인가, ‘무조건적’ 스트로크인가 하는 점이다. 조건적 스트로크는 어떤 특정한 조건을 만족시킬 때 특정 행위에 대해서 주는 스트로크를 말한다. 예를 들어 “자네가 이번 프로젝트를 잘 끝내서 자랑스럽네.”와 같이 성취한 부분에 대해서 인정하고 칭찬해 주는 것을 말한다. 반면 무조건적 스트로크는 개인의 성취나 행위에 따라 인

정해주는 것이 아니라 상대의 존재 가치 자체에 대해서 인정해주고 칭찬해주는 것을 말한다. 예를 들어 "나는 자네가 있어 정말 믿음직스럽고 행복하네." 또는 "나가 버려! 꼴도 보기 싫어."라는 말처럼 그 사람 자체를 부정하는 것을 말한다. 그렇기 때문에 사람들은 무조건적 스트로크 중에서도 부정적 스트로크를 받으면 최악의 경우 삶의 가치를 잃어버리고 우울감에 빠지기도 한다. 이렇게 무조건적인 스트로크와 조건적인 스트로크가 다른 스트로크와 만나면서 새로운 작용을 하게 된다.

이 과장의 경우, 우선 "윤 대리 자네를 믿네."라는 무조건적인 스트로크를 먼저 해줌으로써 윤 대리 스스로 자존감을 가질 수 있게 해주었다. 다음은 "언제나 문제를 잘 해결해내지 않았나. 이번에도 문제없이 해내리라고 믿네."라는 언어적 긍정적 스트로크와 함께 등을 쓰다듬는 비언어적 스트로크를 사용하여 윤 대리에게 인정받고 있다는 안정감과 일을 잘해낼 수 있을 거라는 자기 효능감을 동시에 일깨워주었다. 거기에서 그치지 않고 마지막에는 "그 문제가 어렵다면 함께 방법을 찾아보세."라는 도움을 주려는 모습에서 혼자가 아니라 함께라는 또 다른 긍정적 스트로크를 주었다. 그는 짧은 시간에도 윤 대리가 원하는 스트로크를 모두 주었고, 가장 밑바탕에는 무조건적인 스트로크가 들어가 있었다.

반면 정 과장은 "자네가 수고한 것은 잘 알고 있네. 고생했어."라고 윤대리가 일한 것에 대해서 고생했다며 긍정적으로 인정은 하지만 '수고한 것'에 대한 조건적 스트로크를 주었다. 그래서 여기서는 긍정적 스트로크를 함께 받을 수 없었을 것이다. 또한 "자네가 더 분발해서 그 건을 마무리하면 좋을 것 같네. 그래야 내가 다음 일도 안심하고 맡길 수 있을 것 같네."라는 말에서도 '당신이 어떤 행위를 끝마쳤을 때 나는 당신을 인정할 것이다'라는 조건적 스트로크가 강하다. 이 말은 당신이 그 행위를 하지 못한다면 당신은 가치 없는 사람이라는 느낌을 준다. 이것은 상대에게서 자아 존중감과 자기 효능감 두 가지를 한꺼번에 빼앗는 것과 같다.

정 과장의 의도는 나쁜 것이 아니었을 것이다. 그가 잘해주길 바라고 그를 믿는 마음이 내재되어 있었을 것이다. 또한 그 이야기를 들은 윤 대리도 그가 나쁜 리더이거나 자신을 이해 못해준다고 생각하지 않고, 당연히 할 수 있는 이야기라고 받아들일 것이다. 그럼에도 불구하고 전체적으로 정 과장의 스트로크는 그의 의도와 상관없이 윤 대리가 느끼기에는 부정적인 스트로크가 되어 버릴 수밖에 없다. 그렇기에 우리는 조건적 스트로크 사용에 좀 더 신중해질 필요가 있다. 조건적 스트로크가 무조건 나쁜 것은 아니다. 당연히 필요한 것이고 이것은 사람이 좋은 방향으로 성장하는 데 반드시 도움을 준다. 중요한 것은 무조건적인 스트로크와 조건적 스트로크가 필요한 상황을 잘 이해하고 사용해야 한다는 것이다.

조건적 스트로크와 무조건적 스트로크 둘 다 중요하며, 그것을 적정하게 사용할 때 인간관계의 질이 달라질 수 있다.

1. 인간관계의 질을 높이기 위해서는 무조건적 스트로크에 익숙해져야 한다.

무조건적 스트로크를 잘하기 위해서는 인격체에 대한 존중의 감정을 갖는 것이 중요하다. 어리거나 나보다 조금 부족하더라도 그 사람 자체에 대한 존

경심을 가지는 것이 그 첫걸음이 된다. 실제 『논어(論語)』의 〈술이편(述而篇)〉
에는 이런 말이 나온다.

子曰, 三人行必有我師焉 擇其善者而從之 其不善者而改之
(자왈, 삼인행필유아사언 택기선자이종지 기불선자이개지)
공자가 말하길, 세 사람이 길을 가면 반드시 나의 스승이 있으니, 그중에
선한 자를 가려서 따르고, 그 선하지 못한 자를 가려서 자신의 잘못을 고쳐
야 한다.

누구에게라도 본받을 만한 점이 있다는 뜻이다. 우리는 이처럼 팀원의 부족
한 점 속에서도 그의 장점을 발견해내고 존중해주며, 그 사람 존재 자체에서
고마움을 느끼는 것이 중요하다. 무조건적인 스트로크를 잘하기 위해 제일 먼
저 언어적 습관을 들이는 것이 필요하다. 하루에 세 번 이상 조건 없이 "고맙
습니다.", "미안합니다.", "사랑합니다."라고 말해 보라. 일부러 노력하지 않
아도 다른 사람을 존중하게 될 것이며, 무조건적 스트로크에 익숙해질 것이
다. 당신이 지속적으로 같은 모습을 보여준다면 팀원들은 당신을 믿고 따라도
되는 멘토로 느끼게 될 것이다.

2. 조건적 스트로크는 상대가 거부감 없이 받아들이고 성장할 수 있도록 사용해야 한다.

조건적 스트로크를 잘 활용할 수 있는 방법 중 하나로 고든 박사의 '나 전달법(I-message)'을 들 수 있다. 이것을 사용하는 이유는 내가 상대에게 원하는 바를 조건적으로 이야기하지만 그 사람에게 객관적 사실과 그것의 영향 그리고 나의 감정을 설명함으로써 인간적으로 접근이 가능하기 때문이다.

나 전달법(I-message)이란 상대방이 나를 명확하게 이해할 수 있도록 해주는 커뮤니케이션 방법이다. I-message는 You-message처럼 상대방의 행동이 문제가 될 때 너를 주어로 사용하여 상대방을 질책하는 느낌이 들게 하는 것이 아니라, 상대방의 행동과 그 행동의 결과를 객관적이고 구체적으로 설명함으로써 그 행동이 나에게 미친 영향(감정, 상황)을 상대방에게 전달하여 문제를 해결하고자 하는 표현 방법이다. 예를 들어, You-message로 한다면 "당신 말이야. 말도 없이 근무시간에 자리를 비우다니 당신 정신이 있어, 없어?"라는 식이 된다. 그러나 I-message로 표현하면 '나는 당신이 말도 없이 자리를 비워서(객관적 사실) 이 일을 당신처럼 처리해줄 수 있는 적임자를 다시 찾아야 하나(영향, 결과) 걱정을 많이 했다(느낌, 감정)'가 된다. 이런 표현은 조건부 스트로크를 다음에 사용한다고 해도 감성적으로 접근을 하였기 때문에 자연스럽게 받아들일 수 있다. 단, I-Message를 사용할 때 객관적인 사실만을 말하는 것이 좋다. 예를 들어 "나는 왜 자네가 그런 변명을 하는지"라고 변명하는 사실만을 지적해야지, "나는 왜 자네가 그렇게 〈시건방지게〉 그런 변명을 하는지"라는 식으로 어떤 평가나 비난의 의미를 담는다면 그것은 서로의 관계를 위험하게 만들 수 있다.

이제부터 팀의 구성원들과 자주 사용하는 You-message를 I-message로 바꾸는 연습을 하라. 우리가 흔히 섭섭할 때 쓰는 You-message가 있다. "이 대리, 그 문제는 나와 상의하고 보고했어야 하는 것 아니야?" 같은 말이다. 이때 당신은 어떻게 바꾸어 말할 수 있을까? 이러한 연습이 당신의 조건적 스트로크마저 인간적으로 만들 수 있다는 것을 명심하라.

마지막 질문에 답을 해보았는가? 당신이 잘 바꾸었다면 아마도 이런 표현이 될 것이다.

"이 대리, 나는 그 문제를 나와 상의도 없이 처리해서 조금 섭섭했어."

아마 다양한 답변들이 있겠지만, 당신이 답으로 제시한 말을 듣고 팀원들이 공감했다면 당신은 이제 좀 더 질 높은 인간관계를 형성하게 될 것이다.

Advice 기업의 비즈니스에는 늘 조건적 스트로크가 요구된다. 조직 안의 팀 구성원들은 무엇을 해야 하는지, 어떤 성과를 올렸을 때 더 큰 보상을 받을 수 있는지 기준이라는 것이 명확하게 필요하고, 이런 것들은 조건적 스트로크와 매우 관련이 높다. 하지만 그것을 표현하는 방법은 다양해질 수 있다. 그 방법의 하나로 '나 전달법'을 익숙하게 사용할 수 있어야 한다. 또한 비즈니스의 밑바탕에도 호감이라는 인간적 관계가 묶여 있음을 잊지 말아야 한다. 그래서 늘 무조건적 존중을 통해서 그들의 기본 욕구인 무조건 스트로크를 충족해주어야 한다. 그것이 인간관계의 질을 높이는 방법이자 성공적인 비즈니스를 이루는 방법이다.

2

지피지기면 백전백승,
나의 스트로크부터 점검하기

하나가 아닌 여러 개의
스트로크를 함께 제공하라

스트로크는 따로 사용될 때보다
함께 사용될 때 더 좋은 결과를 가져온다.

차 본부장 만약에 당신이 암에 걸리지 않았다면 이보다 더 행복했을까?

이연재 아니요. 암에 걸리지 않았다면, 예전의 나라면 이런 도전들을 하지 않았을 거예요. 난 지금 행복해요.

시한부 인생을 선고받은 이연재와 그런 그녀를 사랑하는 차 본부장의 대화

장면이다. 이연재는 한 번도 제대로 마주하지 않았던 인생을 돌아보고 도전하며 자신의 인생을 마감해가는 중이다.

차 본부장 이 제안서 노부장 당신이 기획한 겁니까?
노 부장 (망설이다가) 아닙니다. 이연재 씨가 기획한 겁니다.

예전의 노 부장이라면 당연히 자신의 기획이라고 했을 것이다. 늘 일 잘하는 직원의 모든 성과, 특히 이연재의 성과까지도 자신의 영광으로 돌리고 자신의 이익만을 추구하기 급급하던 40대의 노 부장이 이연재의 삶의 변화와 맞물려 변해가는 것을 표현한 장면이다.

위의 대화는 TV에서 방영되었던 〈여인의 향기〉 드라마에 나오는 것으로 6개월 시한부 환자 이연재(김선아 분)와 젊고 멋진 재벌 본부장(이동욱 분)의 사랑 이야기였다. 그렇다고 여기서 사랑 이야기를 하자는 것은 아니다. 물론 스트로크는 인간의 존재 이유이자 사랑의 근본이기는 하다. 하지만 여기서는 이연재라는 인물이 다니던 여행사 사무실에서 일어나는 사건에 집중하고자 한다.

40대의 기러기 아빠로 삶이 팍팍한 노 부장, 30대 후반의 싱글로 회사에서 인정받지 못하고 항상 위축되어 있는 윤 과장, 그리고 다른 여직원의 삶을 부러워하기도, 질투하기도 하는 여직원들. 그런 캐릭터가 과연 드라마에만 나

윤 과장
노 부장

오는 낯선 인물이라고 할 수 있을까? 그렇지 않다. 필자의 직장동료들 중에도, 교육이나 상담을 하면서 만나는 많은 사람들 속에도 이런 캐릭터들은 항상 존재한다.

이제 드라마 속 등장인물들을 이해하고 그들에게 필요한 것이 무엇인지 알아보자. 그들은 무엇이 결핍되었으며, 무엇을 원하는가? 드라마 초반에 보면 그들은 서로를 향해 긍정적 스트로크를 보낸 적이 없다. 그리고 원하는 스트로크를 요청한 적도 없다. 그저 일상 속에서 벗어나 다른 곳에서 다른 방법으로 자신들의 욕구를 채워나갔기에 더 많이 외롭다.

그런 그들이 이연재라는 인물의 스트로크를 받으며 변해가게 된다.

여기 나오는 이연재라는 인물도 역시 초반에는 주눅이 들어 있고 누군가에게 스트로크를 제대로 주지도 받지도 못하는 인물이었다. 그러나 암으로 6개월밖에 살지 못한다는 선고를 받고 그녀는 변하기 시작한다. 자신이 원하는 것이 무엇인지 정확하게 받아들이고 실천해 나간다. 그리고 자신의 감정에 솔직하게 반응하고 상대에게 긍정적 스트로크를 보내고 받기를 요청한다. 드디어 자신에게 솔직해지고, 생존을 위해 필요한 스트로크를 요구하기 시작한 것이다. 그녀의 지속적인 변화는 주변으로 서서히 퍼져나가고, 드디어 사람들이 변하기 시작하는 것을 볼 수 있다.

그 첫 번째 변화를 알기 위해 늘 잔소리와 자신밖에 모르던 노 부장을 보자. 그는 기러기아빠로 삶이 여유롭지 못하다. 집에 들어가도 아무도 기다려주지 않으므로 "아빠 사랑해요." "여보, 수고하셨어요."와 같은 긍정적이고 따뜻한 언어적 스트로크는 기대할 수 없다. 또한 포옹을 해주고 눈을 맞추고 웃어주는 긍정적이며 무조건적이고 비언어적인 스트로크도 기대할 수 없다. 그러므로 그는 딱딱하고 자신만 아는 사람이 될 수밖에 없다. 자신이 스스로 자신을 돌봐야하며, 어떤 스트로크도 받지 못한 상태에서 경제적인 책임까지 져야 하기 때문이다. 그런 그는 자신의 이익을 위해서라면 어떤 직원의 공로도 가로챌 수 있는 사람이었다.

그러나 이연재에게서 긍정적인 스트로크를 받기 시작하면서 변해가는 모습을 보여준다. 모친상을 다녀오며 기획했다던 기획서를 스스로 자신이 한 것이 아님을 밝힐 수 있을 만큼 주변을 돌아보게 되고 자신을 놓아줄 수 있었던 것은 그를 향한 이연재의 스트로크 덕분이었다. 우리는 이렇게 스트로크의 영향을 서로에게 주고받는다.

이번엔 윤 과장을 살펴보자. 그는 대머리라는 이유로 자신감 없는 모습을 보여준다. 진행하는 일마다 실패를 경험하면서 무능한 자신의 모습에 위축되어 있었다. 그러나 그는 과장이라는 직급을 가지고 있다. 어떤 관대한 회사가 능력도 되지 않는 자에게 과장이라는 직급을 주는가? 그렇다면 그는 어떠한 순간에는 유능한 인재였을 것이다. 그러나 실패를 거듭하며 위축되었을 것이고 그것과 함께 주변의 부정적 스트로크가 합쳐져 그를 소심하고 자신감 없는 사람으로 만들어버렸을 것이다.

하지만 그는 그를 알아주는 '수에뇨'라는 탱고 강습소에서는 누구보다 자신감 넘치고 유능하며 유머러스한 사람이다. 이유는 그를 무능하게 취급하거나 관심 없어 하는 사무실 동료들, 그를 외모로만 판단하고 부정적 스트로크를 주는 동료들이 아니라 자신을 높게 평가해주고 인정해주는 긍정적인 스트로

크를 주는 사람들이 곁에 있기 때문이다. 결과적으로 사무실 동료들의 부정적 스트로크 또는 무관심한 스트로크가 그를 무능하게 만든 것이다. 이것은 동료 모두의 책임임을 잊지 말아야 한다.

이제 당신의 주변을 돌아보라. 어디선가 위축되고 소외된 팀원이 보인다면 그의 소심함과 무능함을 욕하기 전에 당신의 무관심과 부정적 스트로크를 반성하라. 그를 유능하고 유머러스하게 만드는 것은 당신의 긍정적인 스트로크 이다.

이렇게 다양한 스트로크를 어떻게 활용하면 좋을까?

스트로크를 제대로 활용한다는 것은 관심을 가져야 가능한 일이다. 당신이 진정으로 원하는 스트로크가 무엇인지 관심을 가져라. 그리고 이제 당신이 스트로크 해주어야 하는 사람에 대해서 관심을 가져라. 지금 그가 어떠한 상황인지, 사적으로 공적으로 관심을 가지고 물어보라. 변한 당신의 모습이 낯선 사람도 있을 것이다. 그들에게 이야기해라. 앞으로 지금처럼 행동할 것이라고. 그리고 잠깐이 아닌 지속적으로 변할 것이니 관심을 갖고 지켜봐 달라고 요청하라. 그리고 긍정적인 스트로크를 정중하게 부탁하라. 그들에게도 이야기해라. 당신은 어떤 스트로크를 받았을 때 가장 행복한지. 처음에는 낯설고 어색하겠지만, 당신의 모습에 따라 다른 사람도 변하게 될 것이다. 이제 우리가 실천해야 하는 스트로크 법칙을 살펴보자.

1. 긍정적 스트로크는 최대화, 부정적 스트로크는 최소화하자.

칭찬, 격려, 미소, 눈 맞춤, 따뜻한 인사, 포옹과 어깨 쓰다듬기(이것은 주의해서 사용해야 한다), 마음이 담긴 작은 쪽지와 선물 같은 긍정적인 스트로크는 당신이 생각하는 최대한보다 많이 하라. 그리고 질책, 비난, 비판 등의 부정적 스트로크는 반복된 잘못이 아니라면 최소화하는 것이 좋다. 또한 눈흘김, 무시하기, 기분 나쁜 농담, 부적절한 스킨십 등의 부정적 스트로크는 하지 말자.

2. 스트로크 중에서 긍정적 무조건 스트로크가 가장 좋다.

긍정적 무조건 스트로크는 인간관계의 신뢰감을 형성하는 기초가 된다. 이것은 한 번보다 두 번, 두 번보다 세 번이 더 중요하다. 지속적으로 주는 것이 중요하다. 물론 상황에 따라 긍정적 조건부 스트로크가 필요한 경우가 있다. 이때는 긍정적 조건부 스트로크의 질과 양 그리고 타이밍이 중요하다.

3. 부정적 무조건 스트로크는 절대 하지 말자.

부정적 무조건 스트로크는 인간적인 모멸감을 불러일으킬 수 있다. 인간의 복수는 모멸감에서 시작된다는 말이 있다. 당신의 말 한마디가 그것을 양산할 수 있다는 점을 명심하고 부정적 무조건 스트로크에 특히 주의하라.

4. 부정적 스트로크를 조건부로 해야 할 때는 반드시 이성적으로 객관적인 이유를 설명해라.

무엇보다도 I-message를 통해 행동과 영향을 어떻게 받았는지, 그로 인해 어떤 감정이 생겼는지 솔직하게 이야기하라. 거짓 없는 진실은 통하기 마련이다.

이제 더 이상 핑계는 대지 말자. 내일은 없다. 오늘이 모여서 미래가 되는 것이지 내일이 미래가 되는 것은 아니다. 이제 나의 주변을 돌아보자. 그리고 상대가 원하는 스트로크에 관심을 가지도록 해보자. 그것이 진정한 사람을 움직이는 힘이다. 그들에게 맞는 언어적, 비언어적 스트로크와 함께 무조건적인 긍정적 스트로크를 주어서 잃어버린 자존감을 되살려 주자. 자기 효능감을 깨워주면 그는 아낌없이 일하게 된다. 스트로크를 줄 때는 한 가지만 집중해서 주기보다 다양한 스트로크를 함께 제공하도록 한다. 별도의 과자 꾸러미보다 더 기분 좋은 것은 바로 종합선물세트이다. 이제 당신을 위한, 그리고 당신의 팀을 위한 스트로크 종합선물세트를 만들어보자.

02

나는 성공을 위한 스트로크를
가지고 있을까?

성공을 꿈꾸는가?
성공한 이들의 힘, 그것은 스트로크에서 나온다.

성공한 리더로 가장 먼저 떠오르는 사람은 누구인가? 10년 전 우리의 마음을 사로잡은 히딩크, KBS 〈남자의 자격〉 하모니 편에서 사람의 마음을 휘어잡은 박칼린, 세계인의 마음을 움직인 반기문 유엔사무총장. 물론 이외에도 많은 사람들이 있다. 그들의 공통점은 사람의 마음을 움직임으로써 상대방이 자발적으로 원하는 방향으로 가게 만드는 힘이 있다는 것이다. 그리고 그것은 긍정적 스트로크 안에서 일어났다.

2002년 한일월드컵에서 박지성이 골을 넣고 히딩크에게 달려갔던 장면을 기억하는가? 달려가 덥석 안겨버린다. 히딩크는 그런 그를 꼭 안아주고 축하해준다. 여기에서 평소 히딩크의 강력한 스트로크를 읽을 수 있다. 히딩크는 평소 긍정적·무조건적인 스트로크를 많이 하는 감독이다. 신인을 발굴하고 기회를 주며 그 기회를 쉽게 박탈하지 않음으로써 신뢰라는 기반을 쌓았다. 그리고 그가 가장 많이 하는 말은 '너를 믿는다', '할 수 있다'라는 언어적 긍정 스트로크다. 그에 더해져 따뜻하고 강력한 지지를 보내며 어깨를 두드려주는 그의 비언어적 긍정 스트로크는 평소 큰 게임을 펼치지 못해본 신인 선수를 자극시켰고 성장시켰다. 그의 긍정적 스트로크가 모두를 성공할 수 있게 만든 가장 강력한 무기였던 것이다. 그는 물론 늘 긍정적인 스트로크만 줄 수는 없는 한 사람의 감독이었다. 그래서 냉정하게 선수를 잘라내야 할 때도 알아야 했으며, 실제로 그랬다. 그러나 평소 부정적 스트로크를 최소화하고 오히려 부족한 점에 관심을 가지고 적극적으로 격려하고 칭찬함으로써 더 먼 미래의 성공을 기약했다.

박칼린도 마찬가지다. 하모니 편의 영상을 돌려보니 그녀가 가장 많이 하는 말이 "사랑합니다."였다. 단원들을 향해 그녀는 무조건 긍정 스트로크를 보낸 것이다. 그렇게 사람들은 자신의 존재 자체를 인정받는다. 노래는 잘할 수도 있고 못할 수도 있다. 그러나 그녀는 '오늘은 잘했으니까', '당신은 노래를 잘하니까' 사랑한다고 하지는 않는다. 조건 없이 "사랑합니다."를 외치는 것이다. 단원들은 누군가 더 잘하기 때문에 사랑받는다고 시기와 질투를 느끼지 않는다. 물론 더 잘하는 사람도 있고 그것에 대해 인정하는 것도 잊지 않았다. 그렇지만 그들에게만 특별하게 대하지는 않았다. 그것은 좋은 리더의 훌륭한 자세이다.

세계인의 마음을 움직이는 반기문 유엔사무총장도 평소 긍정 스트로크를 많이 하는 사람이다. 그는 고향에 방문했을 때 사람들이 환영해준 것에 대해 잊지 않고 감사의 편지를 보내는 성의를 보인다. 이것은 아주 사소하지만 긍정적 스트로크로 다가온다. 고마움을 잊는 않는 그의 태도는 그의 진가를 더 빛나게 한다. 그것이 사람을 움직이게 하는 긍정적 스트로크의 힘이다.

이 세 명에게는 공통점이 있다. 평소 감성적 표현이 뛰어나다는 것이다. 어쩌면 한국문화의 지나친 겸손과 절제의 미덕에 길들여지지 않았기 때문일 수도 있다. 한국문화를 비난하거나 비판하려는 것은 아니다. 오히려 한국 문화 속에 자라났기에 더 깊이 사람을 품을 수 있고 포용할 수 있지만 그것을 내면으로만 가지고 있으면 문제가 될 수 있다는 것이다. 이제는 적극적으로 내면의 깊은 것들을 밖으로 표현할 수 있어야 한다. 이제 강력한 긍정스트로크를 언어적 혹은 비언어적으로 표현하여 사람의 마음을 움직이도록 해보자.

자신의 스트로크를 점검하라.

아래의 표는 스트로크를 점검하는 체크리스트다. 이 리스트를 작성할 때는 내가 되고 싶은 모습이 아니라 실제 나의 모습을 반영하는 것이 중요하다.

스트로크 체크리스트

다음 A~E의 설문을 읽고 본인의 행동에 해당하는 것에는 2점, 어느 쪽인지 잘 분간할 수 없으면 1점, 해당되지 않으면 0점을 매겨 주십시오.

A

1. 친구들과 찻집이나 식당에 갈 때 먼저 권해서 가는 일이 많다. (　　점)
2. 귀가 시 가족들의 "지금 오세요"라는 인사를 받기 전에 먼저 "나 왔어"라고 말한다.
   (　　점)
3. 곤경에 처한 사람을 지나치게 도와주려고 하기 때문에 가족이나 친구들로부터 "너무 참견하지 말라"는 말을 듣는 일이 자주 있다. (　　점)
4. 직장이나 가정에서 남의 노고에 대해 별 어려움 없이 위로하고 감사를 표시할 수 있다.
   (　　점)
5. 가족생일이나 결혼기념일 등을 잘 기억해 두었다가 축하의 말을 먼저 건네는 편이다.
   (　　점)

B

1. 회의나 잡담을 하는 자리에서 남의 결점을 지적하는 발언을 많이 하는 편이다. (　　점)
2. 직장 후배나 부하에게 칭찬보다는 엄한 충고나 꾸중이 많은 편이다. (　　점)
3. 가족들이 내 생각대로 행동하지 않을 때 그 자리에서 지적하는 편이다. (　　점)
4. 식당에서 서비스가 나쁘면 그 즉시 불평을 토로하는 편이다. (　　점)
5. 새치기를 하거나 금연장소에서 담배 피우는 사람에게 즉각 주의를 주는 편이다. (　　점)

C

1. 귀가 시 "나 왔어"하기 전에 누군가 "지금 오세요"라고 한다. (점)

2. 업무상 관계자(고객, 거래처, 타부서 등)로부터 고맙다거나 위로 받는 일이 비교적 많다. (점)

3. 일의 달성 여부에 상관없이 도중에 노력을 인정해 주고 격려해 주는 상사나 선배가 있다. (점)

4. 밖에서나 가정에서 자기의 수고에 대해 다른 사람으로부터 위로와 감사의 표시를 자주 받는다. (점)

5. 매우 곤란한 문제에 직면했을 때 바로 상의할 수 있는 신뢰할 만한 사람이 있다. (점)

D

1. 직장에서 작은 실패나 목표미달에 대해 꾸중 듣거나 엄격한 압력을 느낀 일이 있다. (점)

2. 지난 반년 동안 자신의 직접적인 책임이 아닌 일 때문에 직장에서 책망받았다고 느낀 일이 있다. (점)

3. 가족 중에 비교적 신경질적인 사람이 있어 악의는 없지만 당신을 비판하거나 책망하는 일이 있다. (점)

4. 상사나 선배 중에 보통 이상으로 엄격한 사람이 있어 당신을 힘들게 한다고 느낀 일이 최근에 있었다. (점)

5. 자기 가족은 남의 가족에 비해 서로가 너무 엄격하다고 느끼는 경우가 많다. (점)

E

1. 휴일에 하루 종일 혼자 지내도 고통스럽지 않고 오히려 친구가 찾아오면 부담을 느낀다. (점)

2. 길을 가다가 아는 사람을 만났을 때 인사하기 귀찮아서 길을 돌아간 적이 있다. (점)

3. 남과 얘기를 나눌 때 갑자기 다른 생각에 잠겨 버려 상대방이 재차 말을 하고서야 제정신을 차리는 경우가 많다. (점)

4. 직장에서 사정이 생겨 점심식사를 혼자 하게 된 경우 해방감을 느낀다. (점)

5. 회식이나 친목회와 같은 모임에 불가피한 사정으로 불참하게 될 경우 오히려 잘 되었다고 생각한 적이 있다. (점)

　다 체크했다면, A~E의 각 그룹 득점을 합계하여 다음 막대그래프에 표시하세요.

10					
9					
8					
7					
6					
5					
4					
3					
2					
1					
0	A	B	C	D	E

그래프 해석하기

A. 긍정적 스트로크를 주는 정도

B. 부정적 스트로크를 주는 정도

C. 긍정적 스트로크를 받는 정도

D. 부정적 스트로크를 받는 정도

E. 무 스트로크 정도

A는 당신이 다른 사람에게 주는 긍정적인 스트로크의 양을 의미한다. A가 약 7~8개라면 당신은 충분히 다른 사람을 위해 긍정적 스트로크를 주고 있는 것이다. 만약 5개 이하라면 당신은 긍정적인 스트로크를 잘 주지 않는다는 말이다. 반대로 10개를 다 채웠다면 이것 또한 문제가 될 수 있다. 물론 다른 스트로크와 비교하여 전체적으로 골고루 이루어지고 있다면 다행이지만 만약 불균형을 이룬 상태에서 긍정적 스트로크를 주기만 한다면 당신은 곧 지쳐버릴 것이다. 당신의 스트로크 기아를 채우기 위한 방법으로 선택된 것이라면 방법을 바꿔 이제 다른 사람에게 당당히 스트로크를 요구하는 것이 현명하다.

B는 당신이 다른 사람에게 주는 부정적인 스트로크의 양을 의미한다. B가 2~3개를 넘는다면 당신은 평소에 다른 사람에게 부정적 스트로크를 너무 많이 주고 있다. 이것은 당신의 인간관계를 해칠 수 있다. 이런 당신이라면 평소 감사의 눈을 키우는 것이 좋다. 앞서 나왔던 '고맙습니다', '미안합니다', '사랑합니다'를 평소에 무조건 세 번 이상 사용할 필요가 있다.

C는 당신이 다른 사람에게서 받는 긍정 스트로크의 양이다. C가 7~8개라면 아주 좋은 스트로크가 이루어지고 있는 것이다. 그러나 만약 10개를 채웠다면 당신은 두 가지를 고민해 봐야 할 것이다. 첫째로 당신은 다른 사람의 마음과 상관없이 무조건 당신 마음대로 긍정적으로 해석하고 있을 수 있다는 점, 둘째는 주변에 진심으로 당신에게 충고해줄 사람이 없는지도 모른다는 점이다. 물론 다른 것과 균형을 이룬다면 특별한 문제는 없다.

D는 당신이 다른 사람에게서 받는 부정적 스트로크의 양이다. 2~3개라면 적당히 받고 있는 것이다. 스트레스도 너무 없으면 발전이 없는 것처럼 부정적 스트로크의 양도 적정하게 받는 것은 나쁘지 않다. 만약 지나치게 많이 받고 있다면 당신이 모든 상황을 나쁘게 인식하거나 아니면 실제로 주변에 당신의 에너지를 끌어내리는 사람들이 많다는 것 두 가지를 생각해볼 수 있다. 당신과 당신의 주변을 다시 한 번 돌아보고 만약 후자에 해당한다면 과감히 잘라내거나 정중하게 긍정적 스트로크를 요청하라.

E는 무 스트로크, 즉 스트로크를 외부와 교환하지 않는 정도를 말한다. 이것이 2~3개 정도라면 적당하다. 그러나 지나치게 많이 나왔다면 당신은 매우 폐쇄적인 삶을 살고 있다고 할 수 있다. 지나치게 되면 자신만의 세계에 빠져 사회적 자폐아가 될 수도 있다. 사람들을 향해 당신을 좀 더 보여주려는 노력이 필요하다. 마지막으로 한 개도 나오지 않았다면 당신은 너무나 오픈되어 있는 상태이다. 자신만의 공간이 없어 스스로를 책임질 수 없다면 다른 사람에게 쉽게 휘둘릴 수 있고 그것이 당신에게는 독으로 작용될 수 있다. 이 경우 적당한 당신만의 공간과 시간을 가지고 셀프 스트로킹(Self-stroking) 해주어야 한다.

우리는 관계의 시작에 있어 가장 필요한 것이 스트로크라는 것을 알게 되었다. 그리고 언어적/비언어적 스트로크, 긍정적/부정적 스트로크, 조건적/무조건적 스트로크도 알게 되었고 그것이 합쳐져 작용을 하면 더 큰 힘을 발휘하게 되는 것도 알았다. 마지막으로 우리의 현재 스트로킹 상태를 점검함으로써 자신에 대해서도 알게 되었다.
우리는 흔히 "나도 알아."라는 말을 많이 한다. 그러나 안다는 것은 그저 지식일 뿐이다. 지식은 사용하지 못하면 버려진 쓰레기와 같다. 그것을 어떻게 적정하게 활용할 수 있는가에 대한 고민과 실천을 하는 것이 무엇보다 중요하다. 당신은 이제 알게 된 스트로크를 어떻게 활용할 것인가? 쓰레기로 만들 것인가, 전략으로 만들 것인가? 성공하고 싶다면 지금부터 실천하라!

5장

성공을 보장하는
인생 각본 분석

1

우리는 모두 각본을 쓰며
살아가고 있다

인생 각본이란?

무엇을 해도 되는 사람, 무엇을 해도 안 되는 사람.
그래서 포기하는 사람, 그래도 도전하는 사람.
이 모든 것은 각본의 문제이다.

우리를 둘러싸고 있는 세상은 부단히 변화하고 있으며 그 변화는 시간이 흐를수록 더욱 빨라지고 있다. 그렇기 때문에 그런 변화에 적응하는 것이 그 어느 때보다 어려운 시기에 우리는 살고 있는 것이다. 변화에 적응하기 어려운 이유는 뭘까? 바로 우리의 '마음'이 쉽게 변하지 않기 때문이다. 어린 시절의 마음이 아직도 살아서 나를 움직이고 있는 것이다.

인간은 무한한 사고 능력을 갖고 있다. 지금 우리가 생각하는 것처럼 어린 시절에도 헤아릴 수 없이 많은 생각을 하였다. 그중 긍정적인 생각은 우리의 바람직한 모습을 만들었지만 반대로 부정적인 생각들은 지금도 우리를 힘들게 하고 있다. 어른이 되고 나면 어린 시절의 생각은 거의 기억에서 멀어진다. 하지만 그 당시 가졌던 생각이 현재의 삶을 좌우하는 경우가 많다.

여러분은 누군가를 만나고 나서 그로부터 5년이 지난 후에 다시 만났는데 그 사람의 인생이 조금도 달라지지 않았다고 느낀 적이 있는가? 여전히 같은 문제로 고민하고, 여전히 경제적인 어려움을 겪고 있고, 여전히 직장 생활도 문제고, 5년이 지났는데도 변한 게 없다면 삶이 쳇바퀴를 돌고 있기 때문이다. 왜일까? 우리의 의식은 비전을 지향하지만 무의식이 과거의 습관대로 살아가게 만들기 때문이다.

그런 면에서 우리 인생은 한 편의 연극과 같다. 인생을 연극으로 볼 때 연극 속에서 당신이 연출하고 있는 역할을 TA(교류분석)에서는 인생 각본, 줄여서 각본이라고 한다. 인생 각본은 어린 시절에 부모의 영향을 받아 형성되고 발달하면서 그 후 인생 경험에 의해 강화된다. 각본은 인생의 중요한 국면, 예를 들면 진학, 취업, 결혼 등의 행동에 커다란 영향을 미친다.

TA에서 말하는 각본 분석은 지금까지 운명이라고 체념하고 살아온 것이 실은 스스로의 무의식의 세계에서 강박적으로 연출하고 있던 연극이라는 것을 자각하게 한다. 그리고 이 자각(이것을 인생 재결단이라고 한다)을 통해 자율성을 회복하고 자유로운 삶을 살아갈 수 있게 한다.

부정적인 인생 각본을 가진 사람을 패자라고 한다. 반대로 긍정적인 각본을 가진 사람을 승자라고 한다. 과거에 잘못 만들어진 부정적인 각본을 새롭게 긍정적인 각본으로 바꾸어야 승자로서의 삶을 살 수 있다.

그렇다면 각본은 어떻게 바꾸어야 할까?

승자로서 살아가기 위해서는 과거의 인생 각본에서 자유로울 수 있어야 한다. 즉 승자는 남들의 기대에 부응하기보다는 진정한 자신이 되려고 노력한다. 자신의 느낌을 소중하게 여기고 한계에 대해서는 받아들이며 다른 사람과 애정을 주고받을 줄 안다. 미래를 위해 현재의 어려움을 감수하지만 그렇다고 현재를 희생하지는 않는다. 자신도 소중히 여길 뿐 아니라 자신을 둘러싼 사람들이나 환경, 그리고 사회에 대해서도 관심을 가지고 더 나아지기 위해 노력하는 태도를 가지고 있다.

TA에서는 우리가 극복하여야 할 인생 각본을 〈까지〉, 〈그 후〉, 〈결코〉, 〈항상〉, 〈거의〉, 〈텅 빈〉 각본, 6가지로 구분하고 있다. 다음 장에서 각각의 각본에 대한 사례와 자세한 설명을 다루게 될 것이다. 잘 살펴보고 승자가 되려면 어떤 각본을 써야 할지 생각해 보자.

인생은 마흔부터
〈까지〉 각본

모든 것이 완벽하게 될 때까지 아무것도 할 수 없어!

일을 하라는 건지, 말라는 건지. 도대체 알 수가 없다. 부장님은 한 번도 바로 하라고 한 적이 없다. 조금만 위험부담이 있다 싶으면 무엇 때문에 안 된다, 무엇이 먼저 되어야 한다, 그래서 시기상조다 등의 이유로 미루어 버린다. 부장님 말대로라면 하나도 될 일이 없다. 모두들 부장님을 보고 완벽주의자라고 하는데 천만의 말씀, 내가 볼 때는 구더기 무서워 장 못 담그는 소심한 사람이다. 집에서도 마찬가지라고 한다. 가족들이 휴가가자고 하면 매번 아이가 좀 더 클 때까지, 경제적으로 안정될 때까지, 아이들 대학 들어갈 때까지 하며 미루어 지금까지 휴가다운 휴가 한 번 못 갔다고 한다. 저렇게 살다가는 죽을 때까지 하고 싶은 일 어느 것 하나도 제대로 못 할 것 같다.

　이은서 양은 학교를 졸업하고 직장을 다니면서 항상 직장 생활을 불편하게 여기고 저녁이면 친구들을 만나 직장에서의 힘든 일을 괴로워했다. 친구들이 그만두고 다른 곳으로 옮기라고 충고를 해도 항상 하는 말은 "결혼할 때까지만 다닐 거야. 청첩장과 사표를 같이 던지는 그 날까지만 내가 참는다."이다. 하지만 그녀는 결혼이 늦어지는 바람에 직장을 그 후에도 8년이나 더 다녔다. 결혼 후에도 "큰애가 초등학교 들어가기 전까지는 어쩔 수 없어.", "애 아빠가 좀 더 안정적으로 사업을 하기 전까지는 어쩔 수 없이 미루어야 해."라며 미루더니 또 지금은 "작은애가 대학을 마칠 때까지는 내가 하고 싶은 일을 할 수가 없다."고 입버릇처럼 말을 한다.

위 사례의 주인공들은 〈까지〉 각본에 따라 살고 있다. 〈까지〉 각본에 지배되는 사람들은 '일이 끝날 때까지는 즐길(행복할) 수 없다'는 모토로 살아간다. 그러면서도 끊임없이 자신은 무언가를 위해 희생하는 인생을 살았다고 스스로 불행해 한다. 발등의 불, 바쁜 불 끄면 한다고 어학 공부도, 휴가도, 여행도, 꿈도 다 미룬다. 그러나 완벽하게 모든 것이 정리되는 시점이란 없다. 급한 일은 늘 생기게 마련이고 해야 할 일도 계속 생긴다.

사실은 의지가 나약해서, 어렵고 힘들어 보여서, 위험해서인데 어떤 것 때문에 못한다 혹은 안 한다고 정당화, 합리화시키는 것은 아닐까? 이런 사람들은 상황이 악화되면 "다른 사람이 먼저 해야 한다.", "윗사람이 바뀌지 않으면 소용이 없다.", "제도나 시스템 상의 문제다." 하면서 책임을 전가하기까지 한다.

언젠가는 하겠다고 하지 마라. 지금 실행하라.

〈까지〉 각본에 따라 사는 사람은 조건이 만족될 때까지 무엇도 실행할 수 없다. 결국 '별로 좋지 않은 일이 끝나기 전에는 좋은 일이 일어날 수 없다'는 의미를 가지고 있기 때문이다. 〈까지〉 각본을 가진 사람은 본인이 스스로 정한 '~한 때'가 될 때까지 진정한 자신의 행복을 찾거나 삶의 질적인 향상에 힘쓰는 일을 미룬다. 만족하기 어려운 조건을 스스로 만들어서 자아실현을 회피하는 것이다.

미래의 어느 때가 아닌 '지금', 그리고 바로 '여기'서 자신을 위해 무엇을 하는 것이 행복해지는 길이고 가치가 있는 것인지 생각해보라. 스스로 부여한 조건에서 탈출하여 지금 과감하게 실행하라. 손 놓고 기다리기보다는 작더라도 계획을 세우고 차근차근 실천해야 한다.

부모가 자녀에게 어린 시절부터 지금까지 매일 "이래야 한다, 저래야 한다." 하고 반복해서 말하는 것이 있다. 이것을 TA에서는 몰아치는 것, 즉 '드라이버(Driver)'라고 하며 드라이버는 〈완벽해라〉, 〈기쁘게 해라〉, 〈열심히 해라〉, 〈강해야 한다〉, 〈서둘러라〉의 다섯 가지로 나뉜다. 〈까지〉 각본이 작용하고 있는 사람은 그중 〈완벽해라〉라는 드라이버가 작용하고 있다고 한다. 그래서 조건이 완벽해질 때까지 미루고 스스로 불행해 하는 것이다. 이런 사람들은 이 〈완벽해라〉에서 벗어나야 한다. 지금 있는 것으로 충분하다고 믿고 최선을 다하라.

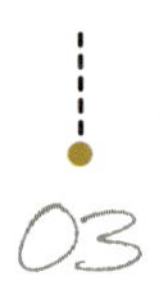

미리 걱정, 사서 걱정
〈그 후〉 각본

지금은 잘 되고 있지만 언제까지나 그럴 수는 없어.
결국은 힘들어질 거야.

이 과장은 결혼 10주년 기념으로 최고급 레스토랑에서 외식을 하는 중이다. 하지만 머릿속은 온통 내일 있을 회사 미팅 걱정뿐이다.

'내일 미팅에서 우리 부서의 입장과 아이디어를 잘 발표해야 하는데…….'

말이 없는 이 과장을 보고 아내가 묻는다.

"아니, 당신 무슨 일 있어요? 큰 맘 먹고 이렇게 비싼 식당에 왔는데 표정이 왜 그래요?”

“응, 내일 회사 미팅이 걱정돼서.”

“내일은 내일이고 오늘은 우리 결혼기념일인데, 당신도 참.”

이 과장은 항상 다음번에 있는 다른 일에 대해 미리 걱정하느라 현재 하고 있는 일에 대해서는 온전히 즐기거나 집중할 수가 없다. 그러다보니 정작 걱정되는 일에 대한 대비가 부족해서 낭패를 보는 경우도 많다. 지난번 발표에서도 똑같은 실수를 하고 말았다. 그렇게 걱정을 하면서도 마땅히 점검했어야 할 것을 소홀히 하여 허둥지둥 엉망을 만든 것이다. “잘 안 될 거야. 문제가 생길 거야.”라는 혼잣말이 지금의 나를 힘들게 하고 결과적으로 그런 일을 만들고 마는 것이다.

IT 관련 중견기업에 근무하는 김 부장은 임원 승진 예정자로 내정되었다는 소식을 접하게 되었다. 그는 42세의 기술부서 팀장으로서 긴장한 체격에 자신감이 넘쳐 보였다. 그러나 승진 대상자라는 소식을 들은 그는 예상되는 상당한 연봉 인상에 기뻐하기보다 잠도 안 오고 일이 손에 잡히지 않는다. 불안해서 아무것도 못할 지경이다. 그는 마치 승진한 사람이 아닌 실직한 사람처럼 보였다.

'승진하면 한 부서 전체를 감독하는 막중한 책임을 지게 될 텐데.'

그는 깊은 한숨을 쉬더니 이렇게 혼자 말한다.

"그것이 가슴 설렐 정도로 좋은 일이라는 것을 모르는 건 아니다. 하지만 앞으로 닥칠 일을 생각하면 중압감을 떨쳐버릴 수 없다. 새로운 직책을 받아들이면 우리 가족들은 본사가 있는 서울로 이사를 해야 한다. 딸아이는 아직 고등학교에 다니는데 친구들과 헤어져야 할 것 아닌가……."

이런저런 생각을 하느라 밤늦도록 잠을 이루지 못한다. 그는 또 다른 고민도 있다. 높은 직책에 오르게 되면 많은 사람 앞에서 이야기할 기회가 많아지는데 그것이 가장 두렵다는 것이다. 그는 사람들 앞에 서면 혀가 굳어져서 말을 더듬고 현기증마저 일어났다. 가슴 뛰는 소리가 들리는 듯했고 코 밑에는 땀이 차고 손이 떨렸다. 승진 후에 일어날 일에 대해 생각할수록 그는 사양하고 싶은 마음이 들었다.

"아이러니죠. 여러 해 동안 그 자리를 선망해 왔습니다. 그리고 지금 그 자리에 앉게 되었는데 거기에서 도망치고 싶어지는 거예요."

◆　　◆　　◆

미래에 대해 지나치게 비관적이어서 현재 아무런 문제가 없는데도 불안해하는 사람들이 많다. 사서 고생을 한다고나 할까? 그렇다고 그 불안을 해소하기 위해 어떤 계획을 세우거나 구체적인 행동을 하는 것도 아니다. 불안해하지 말라고 하면 "나도 즐기고 싶지만 미래에 내 힘으로는 어쩔 수 없는 일이 일어날 텐데 어떻게 지금 마음 편하게 지낼 수가 있는가?" 하고 오히려 답답해한다. 바로, 〈그 후〉 각본에 매여 있는 사람들이다. 이런 사람들은 언제나 타인을 의식하고 좋은 인상을 주려 지나치게 전전긍긍한다. '다른 사람의 마음에 들어야 한다'는 생각에 무리를 할 때가 많고 결국은 그들을 실망시킬 거란 생각에 낙담하고 좌절한다. 〈그 후〉 각본에 따라 사는 사람은 지금은 그럭저럭 지내지만 결국은 잘 안 될 것이라는 마음으로 살아간다.

다른 사람보다는 자신을 즐겁게 하는 것이 더 중요하다.

〈그 후〉 각본을 가진 사람은 주위를 지나치게 의식하고 상황을 실제보다 비관적으로 생각하면서 스스로를 괴롭힌다. 〈그 후〉 각본에서 자유로워지는 방법은 자신을 위한 삶을 사는 것이다. 오늘도 언젠가 과거에 내가 그렇게 불안해하며 걱정했던 그 하루였지만 아무 일 없이 잘 살아가고 있는 것처럼 미래 또한 행복하게 지낼 수 있다는 신념을 가지고 오늘, 여기에 집중하면서 나에게 주어진 삶을 즐기며 사는 낙관적인 삶의 자세가 필요하다.

남과 비교하는 마음은 열등감, 자기비하에서 비롯된다. 따라서 나는 그 무엇과 비교할 수 없는 유일하고 존귀한 존재라는 자각이 필요하다. TV 프로그램 〈생활의 달인〉에 나오는 사람들의 공통점은 모두 자기가 하는 일에서 최고의 경지에 올랐다는 것이다. 긍정적 태도의 소유자들로 미래에 대한 부질없는 걱정이나 다른 사람에 대한 지나친 의식보다는 지금 하고 있는 일을 소중하게 여기고 자신에게 최선을 다한다는 것이다. 앞으로는 다른 사람을 기쁘게 하는 데에 너무 에너지를 빼앗기지 말고 자신을 기쁘게 하는 데에 더 많은 에너지를 투입하라.

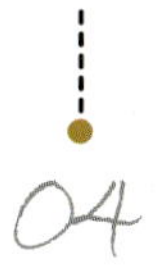

04

나는 안 돼

〈결코〉 각본

내가 가장 바라는 그 일은
결코 나에게 이루어지지 않을 거야.

옆 부서에 근무하는 박 대리는 공부도 더 하고 싶고 결혼도 하고 싶다고 입버릇처럼 말을 하는데, 옆에서 보기에도 답답한 것이 말만 하지 행동이 뒤따르지 않는다는 것이다. 그러니 물론 결과가 나올 리가 없다. 말만 하지 말고 실행해 옮겨보라고 말을 하면 "그게 그렇게 쉽게 되겠습니까, 나한테 그런 운이 있을 것 같지가 않습니다. 그래도 언젠간 할 겁니다. 공부도, 결혼도요." 라고 대꾸한다.

이 대리는 어릴 때부터 스스로 생각해서 뭔가를 결정한다기보다 아버지의 눈치를 보며 결정했었다. 그러더니 지금은 상사의 눈치를 살핀다. 자신이 말하고 싶은 것을 말하지 못하는 것도 어릴 때와 똑같다. 이 대리는 일에서도 그다지 자신감을 갖지 못하고 있다. 상사로부터 "제품 불량률을 급감시켰군. 아주 수고 많았어."라는 칭찬을 듣고도 "저야 뭐, 팀장님이 시키는 대로 했을 뿐인데요."라고 대답할 뿐 진정으로 받아들이지 않는다. 그리고 마음속으로 '그정도 일은 누구나 할 수 있는 일이지 네가 특별히 잘 한 일이 아니야.'라고 스스로에게 외친다.

능력이 있음에도 불구하고 스스로는 무능력하다고 믿고, 마치 성공을 피해다니는 것처럼 행동하는 이상한 사람들이 있다. 이런 사람들은 막상 기회가 와도 자기와는 관계가 없다고 생각하며 믿어 보려고조차 하지 않는다. 스스로를 결코 성공할 수 없는 사람이라고 생각하는 〈결코〉 각본에 매여 있는 것이다. 사람들은 왜 자신의 인생을 병들게 하는 〈결코〉 각본 속에서 살아가는 것일까? 우선 인생에 대한 자기 부정적 태도에서 그 원인을 찾아볼 수 있다. 자기 부정적 태도가 무의식중에 작용해서 자신이 이루고자 하는 일을 시도조차 할 수 없게 만드는 것이다.

마음을 활짝 열고 내면의 감정을 표현하라.

〈결코〉 각본을 가진 사람은 어린 시절에 자신은 열등한 존재라고 결단하였다. 그래서 잘 할 수 있는 것도 할 수 없다고 느끼며 열심히 하지 못하고 때론 시도조차 하지 않은 채 스스로 패자의 삶을 산다. 자기도 모르게 부정적 각본에 따라 살고 있다는 사실을 자각하고 승자 각본을 써야 무한한 잠재능력을 발휘할 수 있다. 자신이 지금까지 살아오고 있는 모습, 즉 마음만 먹고 생각만 하지 결코 행동으로 옮기지 않는 자신을 인식하고 각성해야 재결단할 수 있다. 인간은 누구나 성장하고자 하는 잠재적 욕구가 있다. 자신의 문제를 이해하고 자각을 하게 되면 이 각성을 통해 재결단을 내림으로써 자율성을 회복해서 〈결코〉 각본으로부터 자유로워질 수 있다. 어릴 적부터 영향을 받아 온 〈강해야 한다〉는 드라이버에서 벗어나 마음을 활짝 열고 억압해 왔던 내면의 감정을 솔직하게 표현하자.

내면에 깊이 숨겨진 자기 비하, 열등감이 자신의 무한한 가능성을 무자비하게 억압하고 있다. 자신도 모르게 만들어진 자기 부정적 태도에서 빨리 벗어나기 위해 용감하게 가능성의 세계에 도전하자.

왜 나에게만
〈항상〉 각본

왜 나에게만 항상 이런 일이 일어나는 걸까?

자기관리를 못 하는 직원은 아무리 능력이 뛰어나더라도 같이 일하고 싶지 않은 직원 1순위다. 안 대리는 자기관리가 잘 안 되는 사람이다. 그는 회식 다음날 상습적으로 지각이나 결근을 한다. 게다가 걸핏하면 여기가 아프다, 저기가 아프다 하면서 조퇴하기 일쑤이다. 접촉사고는 왜 그리 많이 나는지. 정말 이유도 각양각색이다. 세상의 불행이란 불행은 모두 안 대리에게 일어나는 것 같다. 어쩌다가 그 모든 재앙이 그만 따라 다니는지 알 길이 없다. 보다 못해 지각이 너무 많다고 하자 사는 동네가 이상해서 그렇다니 참 말문이 막힌다. 한동안 그를 쫓아다니면서 "왜 그랬느냐?", "그러지 마라.", "정신 차려라.', "한 번만 더 그러면 시말서다." 하고 말했지만 말하는 사람 입만 아프다. 오히려 그 말을 들은 안 대리는 돌아서면 말한 사람 원망하기 바쁘다. 그런 것도 이해해주지 않는다고.

왜 나에게만 항상 이런 일이 일어나는지 모르겠다고 푸념하는 사람들이 있다. 전생까지 들먹이며 한탄하기까지 한다. 다시는 그런 일이 없을 거라고 굳게 결심도 한다. 그런데 또 그런 일이 벌어진다. 어쩔 수 없다고, 운명이라고 생각하고 체념하고 산다.

안 대리가 그렇다. 이상하게 열심히 하는데도 실패만 반복한다. 학창시절 밤늦게까지 열심히 숙제를 했는데 다음날 학교에 가보니 숙제를 잘못 알고 해서 선생님으로부터 꾸중을 듣거나, 직장에서 중요한 서류를 긴급히 작성하도록 상사로부터 지시를 받고 철야근무까지 하면서 기일 내에 완성하여 제출했는데 엉뚱한 내용을 작성해 상사로부터 질책을 듣고 자기혐오감에 빠져버리는 사람이 있다. 이들은 〈항상〉 각본에 빠져 있는 것이다.

어린 시절 부모의 관심을 받기 위해 했던 유아기의 방식이 성인이 돼서도 나도 모르게 무의식중에 나타나곤 한다. 중요한 것은 이런 각본을 자기 자신도 의식하지 못한다는 사실이다. 위의 사례의 안 대리는 바로 이런 〈항상〉 각본에 따라 살고 있는 것이다. 〈항상〉 각본에 따라 사는 사람은 '나는 어쩔 수 없는 못난 사람'이라는 태도로 산다. 자기부정적인 태도가 자신의 삶을 지배하고 그 태도로 세상의 관심을 끌고자 하는 것이다.

〈항상〉 각본에 따라 사는 사람들은 다른 사람들과의 불만족스러운 관계나 직장, 또는 사는 곳에서 항상 동일한 잘못을 반복하며 산다. 보다 나은 변화를 시도하기보다는 본래의 불만족스러운 선택에 언제까지나 머물러 있는 것이다. 도저히 벗어나올 수 없는 굴레인 양 무기력하게 산다.

무리해서 열심히 하려 매달리지 마라. 그냥 해라.

안 대리가 상습적으로 잘 쓰는 말이 "팀장님 왜 이런 일이 저에게 벌어집니까, 그것도 한두 번도 아니고 계속해서 반복적으로, 도대체 제가 뭘 잘못하고 있는지 모르겠습니다."이다. 이 말들은 안 대리가 〈항상〉 각본에 지배당하고 있다는 사실을 보여주고 있는 것이다.

어떻게 해야 안 대리가 이 〈항상〉 각본에서 벗어날 수 있을까? 먼저, 자신이 이 각본에 지배당하고 있었다는 사실을 인정하고 이제는 똑같은 실수를 되풀이할 필요가 없다는 것을 제대로 각성해야 한다. 그리하여 자신이 진정으로 원한다면 불만족스러운 일이나 관계, 또는 위치에서 벗어날 수 있으며 새로운 것을 찾을 수도 있다는 결단을 해야 한다.

"너는 왜 이렇게 못하느냐는 소리는 한 번도 들어본 적이 없습니다. 하면 잘 될 것이다, 그렇게 하면 된다, 너도 잘 할 수 있다는 말만 듣고 자랐습니다."

세계적인 음악 가족 정트리오의 맏이 정명화 씨의 회상이다.

〈항상〉 각본에 의해 사는 사람들은 본인이 영향 받고 있는 〈열심히 해라〉 드라이버에 주목해야 한다. 이 드라이버에 익숙한 사람들은 항상 하겠다는 의지 대신 하도록 노력하겠다는 기분을 전달한다. '어렵다', '할 수 없다', '이해를 못 하겠다', '그렇게 하기 어렵다'는 말이나 '흠', '음'과 같은 툴툴거리는 말투를 쓸 때는 이 드라이버가 작용하는 것은 아닌지 살펴보아야 한다. 앞일을 비관적으로 예단하고 미리 포기하지 마라. 자신이 할 수 있는 최선을 다하는 것이 중요하다. 그러면 당연히 좋은 결과가 달콤한 열매처럼 올 것이다.

인간은 자율적인 존재이다. 자신이 반복하는 부정적인 행동들의 유형을 잘 살펴보고 반복의 근본적인 원인이 무엇인지를 깨닫는다면 지금까지와는 다른 삶을 살 수 있다. 우리는 성인의 마음을 적절하게 사용해야 한다. 성인의 마음이 과거에 살고 있는 아이의 마음과 부모의 마음을 잘 조절할 수 있어야 한다. 조직이 환경 변화에 적응하고 성장하기 위해서는 근원적인 혁신이 필요하듯이 우리 개인도 승자로서의 행복한 삶을 살기 위해서는 부정적인 인생 각본, 드라이버의 영향을 강력하게 끊어버리는 인생 재결단이 요구된다.

거의 다 왔는데, 왜?
〈거의〉 각본

왜 나는 자꾸 다 된 밥에 코를 빠트릴까?

무역회사에 근무하는 이경철 씨는 매사에 마무리를 잘못하여 일을 그르치는 경우가 많다. 시험 볼 때는 열심히 공부했음에도 불구하고 답을 잘못 옮겨 적는 바람에 낭패를 보기도 하고, 열심히 노력하여 성사시킨 거래를 계약 성사 축하모임에서 과도한 음주로 싸움을 벌여 계약이 파기된 경험도 있다. 이런 식으로 "아, 내가 조금만 더 주의했더라면 일이 이렇게 안 되었을 텐데." 하고 후회하는 일이 한두 번이 아니다.

　김성준 씨는 신림동 고시촌에서 10년째 사법고시 준비를 하고 있다. 벌써 몇 년째 합격선에 근소한 차이로 못 미쳐서 떨어지곤 했다. 금년은 마지막 도전이라고 생각하고 막바지에는 잠을 줄여가며 공부했는데 또 낙방을 하고 말았다. 너무 실망해서 마음을 못 잡고 한 달이 넘게 이곳저곳 떠돌아다닌다. 다른 대안도 없기에 결국 또 책을 잡을 수밖에 없다는 것을 누구보다도 잘 알고 있으면서 말이다. 벌써 몇 년째 똑같은 과정을 반복하고 있는 것 같아 답답하기만 하다.

　성공 일보 직전에 사소한 일로 공든 탑을 한 순간에 무너트리는 사람들이 있다. 목표 달성이나 성공을 목전에 두고 음주나 싸움으로 중요한 일을 그르치거나, 사소한 실수로 충분히 통과할 수 있는 시험에 실패하는 등의 모습으로 표출되곤 하는데, 이런 사람들이 갖고 있는 각본이 〈거의〉 각본이다.

이와 같이 〈거의〉 각본은 생활 속에서 자신도 모르게 목적 달성 직전에 실패를 맛보게 하고 또다시 힘든 과정을 되풀이하게 만든다는 측면에서 그리스 시지푸스 신화를 떠올리게 한다. 시지푸스는 저주를 받아 끝없이 바위를 산 위로 끌고 올라가야 하는 운명을 갖고 있다. 산꼭대기까지 거의 다 올라가서는 바위를 놓쳐 버려 처음부터 다시 끌어 올려야 한다. 시지푸스와 같이 〈거의〉 각본을 가진 가람은 "이번에는 거의 다 왔는데……." 하고 말하곤 한다. 자신의 삶 속에서 일의 결과가 반복적으로 자신의 의도와 무관하게 꼬여갈 때는 냉철하게 되짚어 보아야 한다. 그렇지 않으면 생활 속의 무거운 바위는 정상에 오르지 않고 끊임없이 다시 굴러 떨어질 뿐이다.

위 사례의 주인공들은 〈거의〉 각본에 따라 산다. 〈거의〉 각본에 따라 사는 사람은 때론 일부러 성공을 회피하고 있는 것은 아닐까 의심하게 만든다. 사실상 무의식중에 스스로를 성공할 수 없게 만들고 있는 것인지도 모른다. 승자들은 근소한 차이로 떨어지면 긍정적으로 생각하고 더욱 분발해서 다음 시험에 우수한 성적으로 합격을 하지만 〈거의〉 각본에 지배되는 사람은 근소한 차이로 떨어졌다는 똑같은 사실에 크게 실망해서 다음 시험 준비에 소홀하게 되어 같은 결과를 반복하게 되는 것이다.

방심은 금물이다. 꺼진 불도 다시 보자. 그리고 성취를 즐기자.

원래 이 〈거의〉 각본은 '〈몇 번이고 되풀이해서〉 각본' 이라고 불렸는데, 반복되는 특성보다 성공 일보 직전에 실패를 맛보게 되는 특성이 강해서 〈거의〉

각본이라고 부르게 되었다. 〈거의〉 각본을 가지고 있는 사람들은 매사의 뒷마무리에 더욱 신경을 써야 한다. 어느 정도 진행이 되면 자신도 모르게 방심하게 되고 그 틈에 무의식의 드라이버가 작용하여 결정적인 순간에 일을 그르치게 된다. 〈열심히 해라〉 드라이버가 작용하는 것이다. 심층에서 '여기까지가 나의 한계야, 너무 무리한 거 같아, 더 가다가 내 못난 실체가 드러날 것 같아'라는 부정적 움직임이 점점 커진다.

이런 사람들의 어린 시절에 만들어진 드라이버는 〈기쁘게 해라〉와 〈열심히 해라〉이다. 처음에는 〈기쁘게 해라〉 드라이버가 작용을 해서 어느 정도 성취를 이루게 되지만 그 다음에는 〈열심히 해라〉 드라이버가 작용을 해서 무의식 중에 문제를 만들고 정체되거나 추락하게 된다. 따라서 매사에 일을 마무리할 때 의식적으로 더욱 신경을 써야 한다. 방심은 절대 금물이다. 꺼진 불도 다시 보자. 그리고 자신이 이룬 성취를 마음껏 즐기자. 자기 자신을 인정하고 칭찬하고 격려하자.

삶이라는 시간의 흐름과 일상 속에서 스스로의 생활패턴을 이해하고 이 무의미한 순환의 고리를 끊을 사람은 바로 자신이라는 것을 자각하여야 한다. 자신을 힘들게 하는 각본의 영향에서 벗어나 자신의 소명을 매 순간 뚜렷이 인식하여 하찮은 실수나 잘못으로 성공 일보 직전에 일을 그르치지 않아야 한다.

이제 뭘 해야 하나
〈텅 빈〉 각본

정년퇴직을 하던 날은 모든 것을 다 이루었다고 기뻐했는데
칠순 잔칫날 지난 10여 년을 허송했다는 생각에 절망했다.

　　김 부장은 열심히 일했던 직장에서 정년퇴직하였다. 정년퇴직을 하기 전 김 부장은 '퇴직만 하면 이제는 편하게 지내야지.'라고 생각했다. 그런데 막상 퇴직을 하자 예전의 생각과는 다르게 일상생활이 불편하고 허전하면서 우울했다. '어떻게 시간을 보내야 하지?' 하는 고민만 하며 아무것도 하지 못하고 힘들어 하였다. 김 부장은 오로지 자신이 맡은 회사 일에만 충실했을 뿐 정년 후에 무엇을 할 것인지에 대한 구체적이고 명확한 계획이 없었던 것이다.

송 여사는 지극히 한국적인 정서를 가진 가정주부로 온 힘을 다해 남편과 자녀를 뒷바라지하는 것이 자신의 역할이자 삶의 의미라고 믿고 살았다. 그런 데 세월이 흐르면서 남편에 비해 자신은 한없이 정체되고 있는 듯하다. 정성 으로 키운 자녀들마저 떠나고 혼자 남게 되자 무엇을 어떻게 해야 할지 몰라 무력감과 우울증에 빠졌다.

〈텅 빈〉 각본을 가진 사람들은 꿈이나 구체적인 비전 없이 삶의 현재만을 충실하게 살아온 사람들이다. 평생을 열심히는 살아왔으나 특별히 무엇을 절 실하게 원하거나 집중해서 열정적으로 하는 일 없이 현상 유지에 만족하며 사 는 것이다. 이러한 각본을 가진 사람들의 특징은 자신을 위한 계획은 없고 다 른 사람을 위해 희생하는 역할에서 만족해 하다가 더 이상 그러한 역할을 할 수 없을 때 갖게 되는 '존재적 공허'에 몸 둘 바를 몰라 한다는 것이다.

첫 번째 사례의 경우 김 부장은 평생 동안 직장 일에 쫓기며 살다가 정년퇴직을 하였다. 이제는 직장 생활 때문에 못한 일들을 하고 여가를 즐기면서 살아야 하지만 막상 그런 때가 오니 무엇을 하며 시간을 보내야 할지 막막하기만 하다. 또 두 번째 사례의 주인공 또한 자녀들이 모두 장성하여 떠나면 자신의 삶을 살 수 있을 것 같았다. 하지만 집안일도 하기 싫고 텅 빈 시간을 어떻게 보내야 할지 몰라 공황상태에 빠졌다.

〈텅 빈〉 각본은 장기간뿐만 아니라 단기간에 있어서도 지속적으로 일어날 수 있다. 단기간의 목표만 세우고 일단 목표가 달성되면 새로운 목표가 생기기 전까지는 무엇을 할지 몰라서 허둥거리는 것이다. 그 후에 그들은 또 다른 단기간의 목표만을 세우고 그 과정을 되풀이한다.

인생 전체를 조망하라. 미래를 위해서 현재에 집중하라.

〈텅 빈〉 각본을 가진 사람은 성인의 마음은 약하고 부모의 마음이 내리는 지시만을 충실하게 지켜 수행한다. 그 다음부터는 어떻게 해야 할지를 몰라 아무 일도 하지 못하고 의미 없이 시간만 보낸 채 뒤늦게 후회한다.

〈텅 빈〉 각본에서 벗어나기 위해서는 자신의 삶의 발달 주기를 이해해야 한다. "현재 나는 삶의 어떤 시기에 와 있는가?", "지금 내가 해야 할 일이 무엇인가?", "앞으로 내가 해야 할 일이 무엇이며 그를 위해서는 어떤 준비가 필요한가?"와 같은 질문을 스스로에게 해 보아야 한다. 지속적으로 이런 것들을 검토하여 〈텅 빈〉 각본에서 자유로워질 수 있도록 해야 한다. 이 각본에서 벗어나기 위해서는 인생을 그때그때 단기적으로만 보지 말고 전체를 조망하라.
현재만이 아니라 미래를 향해서 현재에 집중하라.

 열심히 살아야 좋은 결과를 기대할 수 있다. 이것을 인과의 법칙이라고 한다. 그러나 꿈 없이 그저 열심히 사는 것은 한계가 있고 때론 공허할 수 있다. 그래서 역 인과의 법칙이 더 큰 지혜라고 한다. 인과의 법칙에서는 현재가 미래를 만든다고 한다. 그런데 역 인과의 법칙에서는 미래가 거꾸로 현재에 영향을 준다고 한다. 꿈이 있어 현재에 열심히 사는 사람은 꿈 때문에 행복하고 꿈대로 큰 성공을 거둘 수 있다고 한다. 〈텅 빈〉 각본을 가진 사람에게는 무엇보다도 꿈이 필요하다.

2

우리 삶을 바꾸는
승자의 각본

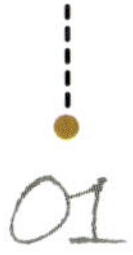

이제는
승자의 각본을 쓰자

인생 각본을 새롭게 쓰자.
그리고 승자로서의 삶을 살자.

강 부장은 평범한 대한민국 40대 직장인이며 가족을 책임지고 있는 가장이다. 하지만 그는 속으로는 깊은 패배감에 시달리고 있다. 어린 시절부터 부모님의 사이가 좋지 않았던 터라 그다지 많은 관심 속에서 자랐다고 할 수는 없지만 공부만큼은 잘 해서 명문대를 장학금으로 다닐 수 있었다. 졸업 후에 남들이 다 부러워하는 금융계통의 직장에 취직했지만 항상 자신의 능력보다 조금 더 욕심을 부린 투자 탓에 고객에게 손해를 끼치곤 했다. 본인은 운이 따르지 않는다고 입버릇처럼 말하곤 하지만 결국은 회사를 그만둘 수밖에 없었다. 그리고는 직장을 여러 번 옮겨 다녔는데 그럴 때마다 그 직장에서 자신의 능력을 알아주지 않는다며 불만스러워했다. 지금 다니는 직장은 8년째인데 더 이상 옮겨갈 데가 없어 간신히 맞춰주면서 다니는 중이라고 한다. 그러다 보니 과거에 대한 미련이 많아서 늘 "그 회사가 좋았는데."라고 하거나 "그때 조금 더 투자했었더라면……." 하고 아쉬워하는 일이 많다.

술은 거의 매일 마시지만 인사불성이 되도록 마시는 일은 일 년에 서너 번 정도 있을 뿐이므로 자신이 술에 의지해서 살고 있다는 사실을 극구 부인하고 있다. 우울증이 있다는 사실은 받아들이지만 모든 게 자신을 알아주지 않는 세상과 뜻대로 일이 풀리지 않는 자신의 운명 때문이라고 생각하고 있다. 잘 나가는 동창을 만나면 자신도 잘 살고 있는 듯 큰소리치지만 속으로는 수치심과 패배감을 느껴 더 술을 마시게 된다고 한다. 또 자신의 인생을 통틀어 가장 행복했던 시기는 학창시절이라고 생각하고 있다.

내가 어린 시절에 썼던 인생 이야기가 수정되지 않는 한 계속해서 내 삶에 지대한 영향을 미친다. 승자 각본은 나를 승자로 이끌고 패자 각본은 나를 패자로 만든다. 우리 모두는 다 승자로 태어났지만 스스로 패자라고 생각한다면 그는 패자일 수밖에 없다.

패자 각본에 있는 사람은 자신의 인생에 대한 책임을 외부 세계로 돌린다. 그리고 무엇인가 뜻대로 안 될 때는 자신을 합리화하며 다른 사람들을 설득하려 한다.

강 부장이 첫 직장에서 성공을 했더라도 어쩌면 그 성공을 누리지 못하고 스스로 걱정이나 불행감을 만들어서 궁지에 몰아넣었을 수 있다. 패자 각본을 갖고 있으면 옛날을 그리워하거나 미래에 마술 같은 해결책이나 구원을 바라며 살게 된다. 그뿐 아니라 미래에 대한 걱정도 끊이지 않아 현재의 삶에 초점을 맞출 수가 없다. 남들에게 보이는 자신의 모습을 지키고 타인의 기준에 맞추기 위해 안간힘을 쏟는다. 결국 현재의 삶은 만족스럽지 못하며, 간혹 느끼는 안정감이나 행복한 느낌도 있는 그대로 받아들이지 못한다. 자신에 대한 인정이 없으므로 타인에게도 세심한 배려나 사랑을 주기 힘들게 된다.

큰 꿈을 꾸자. 그 꿈을 꼭 이루자. 그것이 새로운 각본이다.

비행기는 운항 중 99%에 가까운 시간 동안 정해진 비행궤도에서 벗어나 있다고 한다. 그렇기 때문에 조종사는 계속해서 비행기가 정상궤도로 되돌아오도록 조종을 한다. 결국 조종사의 비행궤도에서 벗어나지 않으려는 노력으로 비행기는 정해진 공항에, 정해진 시간에 도착할 수 있게 된다. 여러분이 미래에 대한 화려한 비전이 있고 미래에 대해 구체적으로 계획하고 있다 하더라도 삶의 대부분은 그 궤도에서 벗어나 있을지도 모른다. 하지만 그 궤도에 다시 들어오기 위해 시도하고 실수하는 가운데 시행착오를 겪고, 또한 그 과정에서 많은 교훈을 얻게 될 것이다. 때로는 장애물도 만나고 어려움도 겪으면서 궤도 밖으로 나갔다가 다시 들어오고, 또다시 밖으로, 다시 안으로 왔다 갔다 하면서 비전을 향해 나아갈 것이다.

방향을 분명하게 알고 있다고 저절로 당신이 원하는 공항에 도착하는 것은 아니다. 끊임없이 정상궤도에서 벗어나려는, 비전에서 멀어지려는 반대적 작용을 의식적으로 관리하여야 가고자 하는 공항에 도달할 수 있는 것이다.

자, 이제 원대한 꿈을 꾸자. 그 꿈을 반드시 이루자. 이것이 우리의 새로운 각본이다.

중요한 것은 자신이 쓰고 있는 각본을 인식하고 그것을 승자 각본으로 바꿀 수 있다는 것이다. 절대 변하지 않는 미래란 없다. 나에게 가장 소중한 존재는 나임을 깨닫고 나의 삶을 더 만족스럽게 바꿀 수 있는 사람도 나뿐임을 안다면, 자율성을 회복하여 인생의 승자가 될 수 있다.

우리들이 스스로 연출하는 인생 각본을 알고 스스로의 통제 아래 두도록 하는 데는 자기 자신 성격의 수수께끼, 특히 인생 초기 결단에 만들어진 부정적 특성을 이해하는 것이 바람직하다. 각본 분석 결과에 따라 스스로의 인생 각본을 자주적이고 창조적으로 다시 쓸 수 있다. 이렇게 하여 우리들은 옛 각본에서 탈출하여 인생의 새로운 방향을 잡을 수 있게 된다.

함께 써 보는
승자의 각본

승자의 각본, 이렇게 쓰자.

나는 세 남매 중 장남이다. 중년으로 접어든 요즘, 가족력인 고혈압 때문에 약을 복용하고 있긴 하지만 대체적으로 건강하다. 고혈압으로 고생하던 부모님을 보고 자란 터라 일찍부터 건강에 신경을 쓰느라 시간만 나면 운동을 하려고 애쓰는 편이다.

대학을 졸업하고 들어간 현재의 직장에서 계속 일을 하고 있고 일과 더불어 공부도 꾸준히 하고 있다. 안정된 생활이라고 할 수 있는데, 집을 옮기거나 차를 바꾸거나 하는 데는 별 의미를 두지 않는다. 주변에서는 이해할 수 없다고 말을 해도 여전히 지하철이나 버스를 이용하고 8년이 다 된 승용차는 특별하게 필요할 때만 아내와 함께 쓴다.

그렇다고 인생을 살면서 어려운 일을 안 겪은 것은 아니다. 직장에서 퇴사를 종용받은 적이 있었는데 그 이유는 상사가 자신의 책임을 떠넘겼기 때문이었다. 만약 그 책임을 떠안았으면 회사를 그만두지 않아도 되고 단지 조금 불명예를 감수하면 되는 일이었다. 어느 직장에서나 일어날 수 있는 일이었고 흔히들 그렇게 처리되는 일 중의 하나였지만 나는 주장을 꺾지 않았다. 그 일로 인해 힘든 시간을 보내기는 하였지만 결국 일은 이치에 맞게 처리되었고 동료들과 후배들은 나에게 무언의 박수를 보냈다.

가정이나 직장, 지역사회에서 다른 사람을 인정하고 관심을 가지며 오래된 친구들과도 좋은 관계를 잘 유지하고 있다. 힘든 일이 있으면 기꺼이 도움을 청하고 또 도움을 주기도 하지만, 내 한계를 넘는 일이면 할 수 없다는 이야기를 분명하게 하는 편이다. 가장 행복했던 때가 언제냐는 질문에 바로 오늘, 지금이라고 대답을 한다.

◆　　◆　　◆

승자는 남들의 기대에 부응하기보다는 자신이 되려 노력한다. 자신의 느낌을 소중하게 여기고 한계에 대해서는 받아들이며 다른 사람과 애정을 주고받을 줄 안다. 미래를 위해 현재의 어려움을 감수하지만 그렇다고 현재를 희생하지는 않는다. 스스로를 소중히 여길 뿐 아니라 나를 둘러싼 사람들이나 환경, 그리고 사회에 대해서도 관심을 가지고 더 나아지도록 노력하는 태도를 가지고 있다.

목표 달성이 어려운 이유는 자신 안에 패자의 각본이 숨겨져 있기 때문이다. 이런 각본을 찾아내어 승자의 각본으로 바꾸고, 성공 마인드를 심어서 행복한 결말을 이루어보자.

이고그램(Egogram)
진단 및 성격유형 분석

이고그램(Egogram) 진단 및 성격유형 분석

본 책은 에릭 번(Eric Berne, 1910~1970)이 창안한 '교류분석(Transactional Analysis: TA)'이라는 심리치료 이론을 바탕으로 조직 내 인간관계 방식과 소통방식, 또 셀프리더로 가기 위한 방법을 알기 쉽게 풀이했다. 이 책에 모두 담을 수 없는 내용인 자신과 타인의 성격유형 결과는 온라인 사이트(www.do-dream.kr)를 통해 좀 더 자세하게 만나보기를 바란다.

온라인 사이트 진단방법

1. www.do-dream.kr을 접속하여 회원가입을 한다.

2. 상단에 TA라는 메뉴를 클릭하여 '이고그램 진단하기' 버튼을 클릭한다.

3. 50개의 설문을 마치면 자세한 진단 결과(자신의 성격유형/대인관계 유형/ 경력관리 방법)를 바로 볼 수 있다.

다음은 본문에 들어가기 전 자신의 성격유형을 점검해 볼 수 있는 진단표이다.

진단방법

1. 설문지 각 문항에 대해 업무환경에서 보여주는 자신의 모습을 생각하면서 응답한다.

2. 평소의 모습과 비슷하다고 생각하면 O 표시를, 다르다고 생각하면 X 표시를 한다. 될 수 있으면 O, X 표시를 하되 판단하기 어려운 경우에 한해서만 예외적으로 △ 표시를 한다.

3. 자신의 모습이 결정되면 5개의 칸 중 흰색 칸에 표시한다.

4. O 표시는 2점, △ 표시는 1점, X 표시는 0점으로 계산하여 총 50문항의 세로열별로 합계를 낸다.

5. 마지막으로 247쪽의 마음그림표를 작성해보자.

이고그램 진단

CP | NP | A | FC | AC

1 상호 이해관계를 생각한 후 행동하는 편이다.

2 자신은 자유로운 행동을 하는 사람이라고 생각한다.

3 상대방이 말을 하는 도중이라도 자신의 생각을 이야기하는 편이다.

4 생각하고 있는 바가 있더라도 겉으로 말하지 못하는 경우가 많다.

5 타인의 행동이나 실수에 대하여 엄하게 비판하는 편이다.

6 타인의 마음을 헤아려 주고자 하는 마음이 강하다.

7 상대방의 장점을 잘 파악하여 지지하는 편이다.

8 대화 중에 감정적으로 흥분하는 일이 적다.

9 매사에 강한 호기심을 느끼는 편이다.

10 돈, 시간, 업무에 대한 약속을 어기는 것을 싫어한다.

11 주위를 의식하고 체면을 차리는 편이다.

12 다른 사람의 부탁이라면 잘 들어주는 편이다.

13 나서는 것을 어려워하며 타인에게 양보할 때가 많다.

14 준법정신이 강하며 사회의 도덕, 윤리를 지키는 것을 중요하게 생각한다.

15 사물을 분석적, 객관적, 논리적으로 생각한 다음에 신중하게 결정한다.

16 하기 싫은 일은 우물쭈물 지연시키며 미루는 경향이 있다.

17 주변사람들을 돌보아 주는 것을 기쁨으로 생각한다.

18 내 주장보다는 타인의 주장을 따르며 타협하는 일이 많다.

19 마음으로 느끼기보다는 머리로 생각하는 편이다.

20 예의범절을 따르는 것을 중요하게 생각한다.

21 중립적인 자세로 양쪽 의견을 모두 수렴하여 현실적으로 결정한다.

22 좋아하는 오락, 음식에 쉽게 빠져들고 지나칠 때가 있다.

23 무책임한 사람을 싫어하며 엄격하게 책임감을 요구하는 편이다.

24 타인에 대하여 긍정적이며 수용적이다.

25 타인의 눈치를 보며 말과 행동에 신경을 쓴다.

번호	문항
26	내심 불만이 있더라도 주위를 생각해서 표출하지 못하고 참는 편이다.
27	지시하거나 명령하는 듯한 말을 자주 쓴다. (예: '이렇게 해!', '저건 하지 마' 등)
28	자신의 생각이나 느끼는 바를 마음 내키는 대로 이야기하는 편이다.
29	사소한 실수도 지나치지 않으며 지적하는 편이다.
30	상대방의 마음에 들도록 신경을 많이 쓴다.
31	자신의 감정을 표현하지 못하고 속으로 억누르는 편이다.
32	갖고자 하는 것은 무조건 손에 넣어야 직성이 풀린다.
33	어떤 일에서든 감정에 치우치지 않고 사물을 객관적으로 본다.
34	감정표현에 인색하지 않고 감탄사를 자주 하는 편이다. (예: '와우~', '멋있다~' 등)
35	자신감이 부족해서 못할 것 같다는 생각을 할 때가 많다.
36	치밀한 계획 및 예산을 세워 행동한다.
37	유머러스하고 농담을 잘 하는 편이다.
38	충동적으로 화내는 일이 많은 편이다.
39	옳고 그름이 분명하며 흑백을 명확히 한다.
40	감정적으로 되지 않도록 이성적으로 생각하고 행동한다.
41	잘 모르는 것은 정보를 수집해서 신중하게 결정한다.
42	아이들이나 부하의 잘못에 대해 너그럽게 감싸주는 편이다.
43	경청과 공감을 잘 하며 친절하게 대하는 편이다.
44	아이들이나 부하의 좋지 않은 행위에 대해서는 직접적으로 주의를 준다.
45	생기발랄하고 호기심이 많으며 행동적이다.
46	다른 사람이 물어보면 친절하게 대답해 준다.
47	애정표현이 풍부하며 희로애락이 잘 드러난다.
48	타인에게 베푸는 것을 좋아해서 손해를 볼 때가 있다.
49	스스로의 컨디션을 잘 관리하며 지나치거나 무리하지 않는다.
50	동정심이 많아 불쌍한 사람을 보면 지나치지 못하는 편이다.

○:2 △:1 ×:0 총계

마음그림표 작성

 이고그램(Egogram) 진단으로 나온 5개의 결과 값을 첫 번째는 CP(비판적 부모의 마음), 두 번째는 NP(보호적 부모의 마음), 세 번째는 A(성인의 마음), 네 번째는 FC(자유로운 아이의 마음), 다섯 번째는 AC(순응하는 아이의 마음)의 점수로 보고, 마음그림표의 각 항목별로 해당 점수에 표시를 한 뒤 꺾은선으로 연결한다.

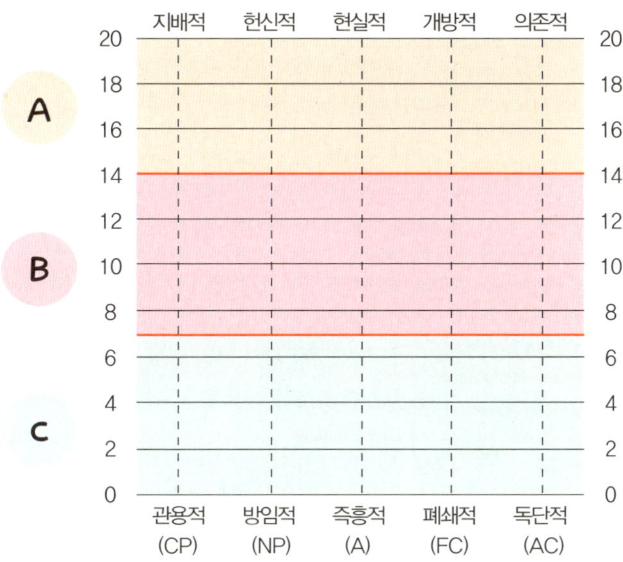

예) 진단 결과가 | 16 | 18 | 12 | 18 | 7 | 과 같은 경우

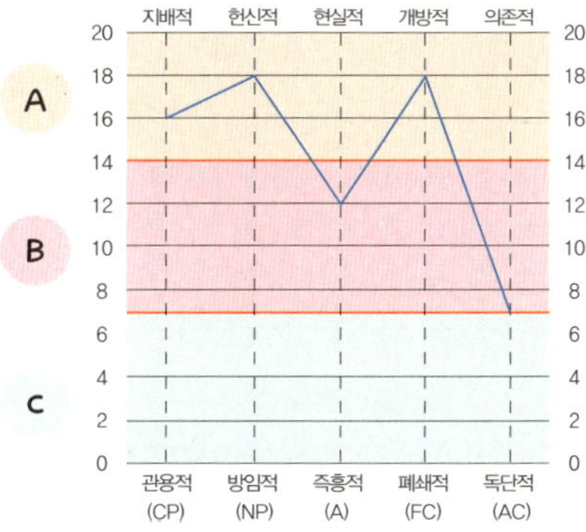

 이 경우 CP 값은 A의 영역, NP의 값도 A의 영역, A의 값은 B의 영역, FC의 값은 A의 영역, 마지막 AC의 값은 B의 영역에 있으므로 이 타입은 AABAB이다.

번호	코드값	타입명	내용
1	AAAAA	에너지 발산 타입	한마디로 맥가이버 같은 타입입니다. 많은 사람들을 즐겁게 하며 일과 놀이 어느 것 하나 빠지지 않는 스타일로서 광장히 밝고 쾌활하며 자신의 목표가 뚜렷하고 타인에 대한 관심과 애정도 많은 타입입니다.
2	AAAAB	에너지 과잉 타입	추구하는 이상도 높고 타인에 대한 친절도 매우 높은 타입으로 일을 할 때 합리적이며 호기심이 많은 사람입니다. 무엇이든 도전하고 싶은 욕구가 강해 취미나 오락, 업무적인 것에 대한 탐구심이 왕성합니다.
3	AAAAC	사람들에게 끌리는 타입	타인이 보기에 흠을 찾을 수 없을 만큼 다재다능하여 장점이 매우 많은 타입입니다. 책임감과 목표가 뚜렷하고 사람에 대한 관심도 높아서 의리와 정이 많습니다. 자기표현력이 뛰어나고 호기심도 많아 자유분방한 편이지만 원리원칙은 지키며 살아갑니다.
4	AAABA	정신력이 높은 타입	항상 최선을 다하는 모범생으로 누구도 흠잡을 수 없는 생활방식을 갖고 있습니다. 어디를 가도 '누구처럼 하면 된다'라는 말이 있을 정도로 당신에 대한 기대치가 높습니다. 또한 도덕적이며 규범을 잘 지키는 타입입니다.
5	AAABB	최고의 관리자 타입	비전과 목표가 뚜렷하며 신념이 큰 사람으로 부하직원을 잘 육성해 주고 지지해 주는 타입이며 기업 내 질서를 잘 만들어 가는 스타일입니다. 한마디로 경영자나 직장 내 관리자로서 본받고 싶은 스타일이라고 볼 수 있습니다.
6	AAABC	최상의 인재 타입	어떠한 상황에서든지 판단력과 이해력, 조정능력을 지니고 있어서 일을 할 때 촉망받는 스타일입니다. 타인을 배려하거나 이해하는 마음이 크며 자신만의 색깔을 분명하게 갖고 있어 이런 타입이 기업 내 관리자로 있으면 변화와 혁신이 잘 이루어집니다.

번호	코드값	타입명	내용
7	AAACA	표현이 서툰 타입	일반 사람이 보기에는 흠이 없는 것처럼 보일 수 있는 타입입니다. 일이나 사람과의 관계에 있어서 많은 에너지를 쏟는 스타일이라서 인복도 많습니다. 책임감과 의리, 마음 씀씀이도 좋지만 표현이 다소 서툴기 때문에 상대가 알아주지 못하는 경우가 있습니다.
8	AAACB	욕심 없는 타입	부탁을 받으면 거절하지 못하는 스타일입니다. 일을 할 때는 계획적으로 일하는 현실지향형일 것입니다. 하지만 감정 억제가 심하고 사물을 즐기지 못하는 경우가 많아 주위 사람이 보기에는 여유나 즐거움이 없어 보일 수 있습니다.
9	AAACC	교과서 타입	공사를 구분할 줄 알며 책임감이 매우 강합니다. 주어진 업무에 대해서는 똑 부러지게 잘 처리하는 타입입니다. 취미나 오락에 시간을 투자하는 것이 시간 낭비라고 생각하는 경향이 있고 사적인 일에 시간을 많이 투자하지 않는 편입니다.
10	AABAA	다소 산만한 거물 타입	책임감과 정의감이 불타며 사람들에 대한 애정도 깊고 어린아이 같은 자유분방함을 가지고 있는 타입입니다. 에너지가 높고 발산하는 타입이기 때문에 자칫 산만하게 느껴질 때가 있으나 내면에는 너무나 큰 그릇을 가지고 있어 주변 사람을 잘 만나면 거물이 될 수 있습니다.
11	AABAB	인간미가 넘치는 타입	일과 여가 생활에 있어서 모두 유능한 타입으로 일에 대한 욕심과 인생을 즐기며 자신에게 투자하는 것도 아끼지 않습니다. 일과 여가를 균형 있게 가져가는 것이 쉽지 않으나 이 타입은 스스로 잘 조절해 나가고 있습니다.
12	AABAC	의리파이면서 향락적인 타입	사귀면 사귈수록 빠져드는 스타일입니다. 의리와 인정, 책임감이 넘치는 이 타입은 가끔 고집쟁이처럼 보일 수 있지만 진국이라고 할 수 있는 타입입니다. 아저씨 같은 보수적인 면과 무뚝뚝한 면도 있지만 아이처럼 천진난만한 면도 함께 가지고 있습니다.

번호	코드값	타입명	내용
13	AABBA	스트레스 많은 모범생 타입	항상 상대방 입장에서 생각하며 타인의 이야기에 귀를 잘 기울입니다. 주위를 배려하며 타인의 눈을 생각하면서 행동하는 타입이라 스스로 자신을 어떠한 테두리 안에 가두려는 경향이 있습니다. 그러니 스스로 만족하거나 생활을 즐기는 스타일이라고는 볼 수 없습니다.
14	AABBB	재능보다는 노력형 타입	인생에 있어서 행운을 바라기보다는 행운을 얻기 위해서 노력하는 타입입니다. 어떠한 상황, 어떠한 곤경에 빠지더라도 정면승부를 하는 타입이며 인간관계에 있어서는 적당히 자기주장을 내세울 줄 알며 적당히 타협할 줄 아는 지혜로운 사람입니다.
15	AABBC	굳은 신념주의자 타입	고집이 있고 자신만의 신념이 뚜렷하여 무엇이든 대충 하는 법이 없습니다. 타인의 비위를 맞추기 위한 처세는 하지 않으며 자신이 생각하는 방향으로 밀어붙이는 경우가 많습니다. '완고한 아저씨 증후군'에 속할 수 있는 스타일이라 볼 수 있습니다.
16	AABCA	내 자신보다는 타인의 눈치를 보는 타입	권위적이고 자기주장이 뚜렷할 것 같지만 절대적으로 타인의 눈치를 보는 타입입니다. 타인이 보기에는 외향적인 것 같으나 사실 내향적인 면이 더 많고 사회나 타인에 대한 배려가 우선인 사람입니다. 이 타입은 의리와 인정을 매우 중요시합니다.
17	AABCB	조숙한 맏언니 같은 타입	어느 자리에서든 튀지는 않지만 적당히 사람을 맞춰주며 친근감을 갖고 인간관계를 유지하는 타입입니다. 독특한 개성은 없지만 안심하고 대할 수 있는 편안한 타입으로 마치 맏언니와 같은 역할을 하는 사람입니다. 문제는 자유분방함이 없어서 재미있게 인생을 즐기지 못한다는 것입니다.

번호	코드값	타입명	내용
18	AABCC	상식에서 벗어날 수 없는 타입	굉장히 완고한 아저씨처럼 상식의 틀에서 벗어나는 일이 거의 없어 다른 사람에게 피해를 주는 일은 없지만 생각의 폭이 너무 좁을 때가 많습니다. 흑백을 명확히 따지고 타인에 대한 평가도 잘하지만 상대는 이것을 잔소리로 받아들일 확률이 높습니다.
19	AACAA	현실감각 제로 타입	항상 적극적이고 명랑하며 쾌활한 타입입니다. 호기심도 많고 눈치도 빠르며 타인을 배려하는 마음도 갖고 있으나 문제는 이성적 사고가 뒷받침이 되지 않는다는 데 있습니다. 주관적이 아닌 객관적으로 생각하는 것을 시작으로 도전해 보세요.
20	AACAB	인간 스파크 타입	의욕이 넘쳐나고 에너지가 아주 높으며 감정표현도 솔직하여 있는 그대로 보여주는 스타일입니다. 마음 내키는 대로 하고 싶은 일을 다 해야 하며 목표의식이 강합니다. 하지만 이성적인 사고가 다소 부족하여 하고 싶은 것에 비해 성과가 미약한 편입니다.
21	AACAC	엉뚱 발랄한 타입	이성보다는 감정이 앞서 행동하는 철없는 막내와 같은 타입으로 실수를 저지를 확률이 높습니다. 주위 사람들의 생각보다 자신이 우선시 되고 솔직한 감정 표현을 하는 사람이며 엉뚱한 행동으로 상대를 당황하게 할 때가 있습니다.
22	AACBA	책임을 끌어안고 가는 타입	남을 배려할 줄 알고 사람을 좋아하며 무슨 일이든 옳고 그름이 명확한 사람입니다. 그러나 그것이 겉으로 잘 보이지 않아 다른 사람들은 알아주지 못할 수 있습니다. 스스로에게 엄격하고 책임감이 강해 자칫 주위에서는 고집 있고 비현실적이라 생각하기도 합니다.
23	AACBB	이성보다 이상이 높은 타입	매우 도덕적이며 이상과 신념이 높은 사람입니다. 사람과의 의리를 중요시하며 정이 많고 타인을 배려하는 마음이 높습니다. 인생관은 뚜렷하나 그에 비해 현실적이거나 객관적인 사고능력이 다소 부족해 실행력이 따라 주지 않는 부분이 있습니다.

번호	코드값	타입명	내용
24	AACBC	사회질서 중시 타입	사회질서나 약속에 대해서 책임감을 갖고 행동하며 보수적인 면이 강한 타입입니다. 주어진 일에 있어서는 목표를 갖고 확실하게 일을 하려고 하나 타인의 기대에 미치지 못하는 결과가 나오는 경우가 많습니다.
25	AACCA	순응하는 예스맨 타입	얼굴에는 미소가 있지만 속으로는 스트레스를 받는 타입이라 할 수 있습니다. 왜냐하면 내심 불만이 있더라도 겉으로 표현하지 못하고 지나치게 남을 위해 양보하다가 스스로 위축되거나 문제 해결이 잘 되지 않을 때가 많기 때문입니다.
26	AACCB	지성과 적극성이 필요한 타입	매사 책임감이 강하며 주어진 일은 확실히 하기 위해 노력하면서 타인의 눈에 우등생으로 비치길 바라고 있습니다. 다른 사람들에게 인정을 베푸는 일에도 인색하지 않고 보살펴 주는 일도 잘 합니다. 그러나 세상이 우등생이라고 바라봐 주지 않을 때가 있습니다.
27	AACCC	엄부 자모 타입	한마디로 엄격하며 책임감이 강하고 모성본능이 큰 사람입니다. 타인에게 인정을 베푸는 일에 인색하지 않으나 인생의 기쁨과 즐거움을 어떻게 만들어야 하는지에 대한 관심은 적은 편입니다.
28	ABAAA	깔끔한 성격의 타입	도덕적이며 규범을 중요시하는 타입으로서 공사를 구분하며 행동을 잘 합니다. 일을 하는 데 있어서도 감정적이지 않으며 합리적이고 현실을 지향하여 실수도 적은 편입니다. 리더십이 있다는 주변 평판을 받을 수 있겠습니다.
29	ABAAB	목표 지향적 타입	이상이 높아 무슨 일을 하든지 목표가 커서 대상이 작거나 마음에 들지 않으면 쉽게 도전하지 않는 타입입니다. 책임감이 강하여 일을 추진할 때는 실수도 적은 편이며 감정에 휩쓸려가기보다는 항상 사물을 공평하게 보는 편입니다.

번호	코드값	타입명	내용
30	ABAAC	독립적인 타입	자기표현 욕구가 강하며 자유로운 삶을 원하는 타입입니다. 마치 새장 안에 새를 가둬 두는 것을 싫어하는 것과 같습니다. 목표의식도 뚜렷하고 꿈이 큰 사람이지만 때로는 타인에게 고개를 숙이지 않아 고집 있다는 말을 조금 듣는 편입니다.
31	ABABA	만능맨이 되고 싶은 타입	의지가 강한 합리주의자로 마음먹은 대로 행동하는 부분까지는 모든 것이 분명하고 깔끔한 성격입니다. 매사에 척척 해내겠다는 의지는 왕성하지만 성격의 한구석에 양보와 주위를 지나치게 배려하는 마음 때문에 그런 의지에 브레이크를 걸 때가 있습니다.
32	ABABB	출세 지향적인 타입	매사 책임감이 강하고 주어진 업무는 확실히 하기 위해 노력하며 일을 할 때 자신이 가진 지성과 이성을 아끼지 않으며 일을 합니다. 또한 인정을 베푸는 일에 인색하지 않은 타입이라고 할 수 있습니다. 언젠가는 원하는 자리에서 분명 출세를 할 수 있는 사람입니다.
33	ABABC	일 중독자 타입	'맡은 일은 끝까지 한다'라는 소신이 강한 타입으로 주어진 업무는 확실히 하기 위해 노력합니다. 또한 상대방의 입장에서 생각하고 보살펴 주는 일도 잘합니다. 강한 목적지향, 일에 대한 자기 고집, 사람에 대한 자유분방한 감정 등을 가지고 있습니다.
34	ABACA	묻어가는 타입	매우 양심적이며 사명감, 정의감이 강한 타입으로 이성적이며 객관적이고 사무적인 사람입니다. 자기표현을 잘 하지 않고 희로애락의 감정을 잘 드러내지 않아 타인이 볼 때는 활력이 없어 보입니다. 나름의 재미와 취미생활을 가질 필요가 있습니다.
35	ABACB	다가가기 힘든 타입	인생에 있어서 오락과 취미보다 일이 먼저인 사람입니다. 일적으로는 좋은 파트너가 될 수 있지만 인간적으로 친해지기는 다소 어려운 타입입니다. 매사에 신중하고 이성적이며 깔끔한 당신에게 가장 필요한 것은 바로 따뜻한 감성입니다.

번호	코드값	타입명	내용
36	ABACC	올곧은 나무 타입	올곧은 나무와 같이 양심적이며 도덕적이고 책임감이 있는 굳건한 나무의 인상을 주는 타입입니다. 그러나 감정 억제가 심하고 사물을 즐기지 못해 주위에서 볼 때는 인생을 너무 무미건조하게 사는 것처럼 보입니다. 자신의 고집을 줄이고 융통성을 발휘할 필요가 있습니다.
37	ABBAA	권력과 본능적 욕구에 충실한 타입	목표, 이상, 사명이 굉장히 크며 사회생활에 있어서 의 룰, 도덕, 가치관을 중요하게 여기는 타입입니다. 자기표현 욕구도 강한 편이라 희로애락의 감정을 솔직하게 표현할 줄 아는 사람으로 직감이 발달되어 있고 상상, 공상하기를 좋아합니다. 오락과 여가 생활을 중요하게 여기기 때문에 에너지를 많이 발산한다고 볼 수 있습니다.
38	ABBAB	꼬리보다 머리가 되고 싶어 하는 타입	어느 자리에 가서든 눈에 띄는 에너지가 높은 사람입니다. 새장 속에 가둬두려 해도 당신은 자유로움을 추구하기 때문에 세상 밖으로 나오려 합니다. 밝은 성격으로 사람과의 관계를 중요시하나 사실 세상의 머리가 되고 싶어 하는 욕심이 보이는 타입입니다.
39	ABBAC	반항아 타입	에너지가 넘치는 이 타입을 따라올 수 있는 사람은 많지 않습니다. 활기가 넘치며 할 말은 꼭 하는 스타일이라 잘못 보면 독선적인 면이 강하다고 느껴질 수 있습니다. 상대의 말에 순응을 하기보다는 자기주장을 내세우는 것을 잘하기 때문입니다.
40	ABBBA	권위적이지만 묻어가는 타입	권위적이면서 남을 잘 배려하기도 하는 양면성을 갖고 있는 타입입니다. 하고 싶은 말을 다 하는 편이지만 주위에서는 잘 모르고 순하게 볼 때도 많으며 타인의 눈에는 참 매력적으로 보이는 성격입니다. 회사에서 높은 간부보다는 중간 관리자로서의 역할을 잘 할 수 있는 타입입니다.

번호	코드값	타입명	내용
41	ABBBB	책임감이 강한 타입	이 타입은 일을 할 때 크게 돈이 되지 않아도 누군가가 부탁한 일이라면 책임감을 가지고 자신의 일처럼 열심히 하는 타입입니다. 도덕적이며 정의감에 불타고 가치관이 명확한 사람입니다. 주위 사람들을 조금 더 높여주고 감성으로 다가간다면 당신의 카리스마는 꼭 빛을 볼 수 있습니다.
42	ABBBC	'내 방식대로 해!' 타입	이 타입은 자신이 정한 방침과 룰에 상대가 맞춰 주어야 하는 타입입니다. 그렇지 않으면 일 자체가 스트레스가 되기 쉽습니다. 타인을 배려하기는 하지만 결국 자신의 생각과 방법대로 결과가 끝나는 경우가 많습니다. 조금 더 여유 있는 마음을 갖고 나와 다른 상대의 의견도 받아들일 수 있도록 노력하세요.
43	ABBCA	눈치 보며 인내하는 타입	책임감이 강하며 주어진 업무는 확실히 하기 위해 노력하는 사람입니다. 또한 상대방의 입장에서 생각하고 보살펴 주는 일도 잘하니 인정을 베푸는 일에 인색하지 않는 타입이라고 할 수 있습니다. 그러나 누군가는 이렇게 착한 당신을 이용할 수 있다는 것을 생각해야 합니다.
44	ABBCB	긍정과 부정의 양면성이 있는 타입	일에 있어서만큼은 책임감을 가지고 요령을 피우지 않고 열심히 하지만 취미생활을 즐기지 못해서 살아가는 재미가 특별히 없습니다. 자신이 일을 확실히 하는 만큼 상대에 대한 기대도 크기 때문에 요령을 피우며 일하는 사람을 두고 보지 않는 편입니다.
45	ABBCC	권위를 앞세운 독재자 타입	타인에게 권위를 앞세워 자신의 목적을 강요하는 것이 특징이며 반대 의견에는 거의 귀를 기울이지 않는 타입입니다. 사회나 구성원의 다양성을 인정하는 것을 어려워하여 일률적인 것을 강요하기 쉽습니다. 이 타입은 자신의 능력이나 역량이 클수록 스스로 자제하고 자숙하지 않으면 주위에 좋지 못한 영향을 미칠 수 있습니다.

번호	코드값	타입명	내용
46	ABCAA	명예를 추구하는 예술가 타입	높은 지위나 명예를 가진 위대한 예술가가 되기를 열망하는 이 타입은 권위적인 성격과 예술가적 성격이 함께 존재합니다. 강한 권력지향의 심리, 넘치는 호기심을 가지고 있으며 늘 이상을 추구하고 남에게 특별해 보이고 싶어 하는 마음이 강합니다.
47	ABCAB	끝까지 밀고 나아가는 불도저 타입	일을 할 때 집중하면 브레이크가 고장 난 자동차처럼 달리는 경향이 있습니다. 강한 의지를 가졌으나 편중된 사고에 얽매이기도 하고 야생마처럼 충동적 감정에 휘둘리기도 하는 타입입니다. 다른 사람들을 자신보다 낮추어 보는 마음과 자신의 욕망을 만족시키고자 하는 마음이 항상 자리 잡고 있습니다.
48	ABCAC	'난 아무것도 몰라요' 타입	쉽게 충동적인 감정에 휘둘리는 타입으로 오해가 생기면 피가 거꾸로 솟는 등 흥분해 감정을 푸는 데 어려움이 있습니다. 일이 잘못되었을 때 모두 자기 탓이라고까지는 말하지 않더라도 항상 자신을 객관적으로 돌아보며 매사를 판단할 수 있도록 하는 것이 좋겠습니다.
49	ABCBA	내 잘못은 모르고 남의 잘못만 지적하는 타입	실현 불가능한 이상이나 사명감을 꿈꾸고 추구하지만 행동이 따라가지 못하는 언행불일치의 전형적인 타입입니다. 필요이상으로 주위를 신경 쓰고 사회 모범생이 되고자 하나 상황판단이나 문제처리가 매우 부정확하고 머릿속은 늘 불안정한 상태입니다.
50	ABCBB	자기를 과신하는 착각에 빠진 타입	자기신뢰가 지나치게 강하고 본인이 지닌 능력보다 높은 이상이나 사명감을 꿈꾸는 경우가 많아 현재의 입장이나 역량을 넘어 무작정 질주해버리는 경향이 있습니다. 자신의 행동 에너지 패턴을 정비점검 해야만 일과 가정 모두를 지탱해 나아갈 수 있습니다.
51	ABCBC	자기색깔이 강하지만 실속이 부족한 타입	좋고 싫음이 분명하며 문제해결을 자기중심적으로 해결하는 경우가 많고 자신만의 색이 굉장히 강한 타입입니다. 또한 편견에 의하여 어떤 상황을 바라보기보다는 자신의 주관대로 결정하는 성향이 있습니다.

번호	코드값	타입명	내용
52	ABCCA	눈치 보며 순응하는 타입	본인이 가는 길에 막막함이 많다고 생각합니다. 마음 한편에는 목표의식도 있고 이상을 찾거나 신념이 있지만 정작 겉으로 보이는 것은 타인의 눈을 걱정하며 순응하며 맞춰 가는 타입입니다.
53	ABCCB	마음은 약하지만 권위적인 타입	친절하며 타인을 이해하는 마음이 있지만 권위적이고 강압적인 면이 더 많이 보이는 타입입니다. 사회적 의욕이 넘치는 타입으로서 '지배적이다'라는 말을 종종 듣습니다. 감정 표현이 억제되어 있어서 스트레스를 받는 타입이라 할 수 있습니다.
54	ABCCC	보수적이며 고집 있는 선생님 타입	수용보다는 자기주장을 많이 하는 타입이라고 볼 수 있습니다. 완고한 면이 있어서 주변에서 보기에는 고집이 있거나 보수적인 아저씨로 비춰집니다. 좋게 보면 소신이 있고 가치관이 뚜렷한 사람입니다. 하지만 문제는 현실감각과 대처능력이 다소 부족하다는 것입니다.
55	ACAAA	본성을 파악하기 어려운 타입	겉으로 보기에는 냉철하고 합리적이면서 개방적인 사람으로 비춰집니다. 비즈니스를 하기에 적합한 사람입니다. 특히, 서로간의 마음 교류가 적은 이해관계의 비즈니스에는 탁월한 실력을 발휘할 수 있습니다.
56	ACAAB	강한 파워를 가진 보스 타입	기회와 행운이 찾아온다면 해당 분야에서 아주 큰 성과를 낼 수 있는 보스 타입입니다. 자신이 세워 놓은 목표는 꼭 달성해야 직성이 풀리는 타입으로서 지독한 열정과 에너지를 보이는 타입입니다. 관심어린 잔소리나 희생하는 모습을 타인에게 보여준다면 멋진 보스가 될 수 있습니다.
57	ACAAC	길들이기 어려운 개성파 타입	어느 자리를 가든지 자신의 색깔로 현장의 분위기를 물들여 버리는 타입입니다. 강한 개성의 소유자로서 열정과 의지가 높으며 감정의 기복이 큰 편입니다. 좋고 싫음이 분명하며 쉽게 남에게 의지하거나 순응하는 타입이 아닙니다.

번호	코드값	타입명	내용
58	ACABA	합리적이며 현실적인 타입	이성과 지성이 발달된 합리적이며 현실적인 타입이라고 할 수 있습니다. 어떤 난관에 부딪혔을 때 감성으로 해결하기보다는 객관적으로 사물을 보고 현실 중심적으로 문제를 풀어 나갑니다. 그래서 주변 사람에게는 '인간미가 없다'거나 '계산적이고 타산적이다'라는 말을 듣는 경우가 있습니다.
59	ACABB	이론이 진리라고 생각하는 타입	때로는 외향적으로 보여서 속에 있는 말을 많이 하고 정을 쌓았다고 생각하지만 이 타입은 공과 사가 명확한 사람이라서 쉽게 부탁을 들어주거나 친분이 있다고 해서 편을 들어 주는 법은 거의 없습니다. 인간관계가 비즈니스처럼 느껴져서 상대방이 다소 위축되고 어려워할 수도 있습니다.
60	ACABC	소위 나쁜 남자 타입	어떠한 일에 자신의 규칙을 무시하고 정을 개입하는 것을 그대로 보지 못하는 성격입니다. 또한 쉽게 눈물을 흘리거나 자신의 속마음을 이야기하지 않습니다. 이 타입은 다른 사람을 돌보아 주는 따뜻한 마음이 부족하니 관대한 마음과 개방적인 사고를 꼭 길들여야 합니다.
61	ACACA	우울함을 많이 가진 타입	때로는 합리적 사고로 타인을 비판하는 듯 보이지만 본인은 다른 사람에게 매우 인정받기를 원하는 타입으로 다소 소극적으로 보이기 쉽습니다. 평소 즐거움을 느끼지 못하고 근심과 염려가 많은 타입입니다. 그러나 한 가지 몰두하는 것을 잘하기 때문에 전문가가 될 기질이 높습니다.
62	ACACB	매사 지나치게 생각하는 타입	사려 깊고 신중한 이 타입은 외로움이 자기 자신을 누르는 타입입니다. 자신에게 엄격한 타입으로서 매사 지나치게 생각을 많이 해서 스트레스를 받는 경우가 종종 있습니다. 일은 완벽하게 할 수 있으나 늘 외로운 타입이라서 인간관계가 좁을 수 있습니다.

번호	코드값	타입명	내용
63	ACACC	나쁜 남자 타입	나쁜 남자 타입을 장점으로 보면 매우 이성적이고 가치관이 뚜렷하며 카리스마가 있어 우직하고 믿음직한 타입으로 보입니다. 다만, 독선적인 면으로 비춰지는 것이 문제가 될 수 있으니 자신의 룰을 때로는 융통성 있게 적용할 줄 아는 지혜가 필요합니다.
64	ACBAA	충동적 스파크 타입	공격적인 성향과 의존적인 성향 모두를 갖추고 있는 타입입니다. 그래서 이 타입은 스파크처럼 어디로 튈지 모를 때가 많습니다. 당신을 좋아하는 사람이 극과 극으로 나뉘어져 있다면 이제는 팬으로 만들 수 있도록 친절을 베풀어 보는 것은 어떨까요? 상대는 당신의 애정과 관심을 필요로 하고 있으니까요.
65	ACBAB	야심만만 타입	주어진 업무는 확실하게 하며 책임감을 갖고 행동하는 타입입니다. 마음 한구석에는 권위적이고 엄격한 야심을 가지고 있습니다. 자기 자신에 대한 믿음이 강한 타입으로 자존심도 상당합니다. 무언가에 한번 빠지면 마니아가 되어 버리는 이 타입은 인생을 즐길 줄 알며 언제나 활력이 있습니다.
66	ACBAC	고성능 에너지 타입	흥이 나면 무엇이든지 질러대는 기분파입니다. 평상시에는 상대에게 친절하거나 관대한 애정으로 보지 않지만 기분이 좋아지면 적극적으로 행동하고 마음을 숨기지 않고 보여주는 타입이라고 할 수 있습니다. 냉담하면서도 순수함이 있는 것이 매력입니다.
67	ACBBA	터트릴 수 없는 폭탄을 감추고 있는 타입	이 타입은 공격적인 면과 타협하고 양보하는 두 가지 면이 늘 충돌합니다. 마음속으로는 권위적이고 강압적으로 밀어 보려고 하나 겉으로는 항상 감정을 자제하고 환경에 적응하며 타협하는 일이 많습니다. 그래서 다른 사람을 탓하거나 환경 탓을 하는 경우가 종종 있습니다.

번호	코드값	타입명	내용
68	ACBBB	애정을 쉽게 줄 수 없는 타입	시간 관리에 철저하며 실수나 약속을 지키지 않는 것을 절대 봐주지 않습니다. 칭찬이나 관심, 친절에 다소 서툰 편이어서 주변 사람들이 오해를 하는 경우가 종종 있습니다. '엄격하고 비판적이다'라는 인상이 결코 자신에게 득이 되지 않습니다.
69	ACBBC	냉담하고 엄격한 타입	자신의 목적을 달성하기 위해 주위의 충고를 어느 정도 받아들여야 하는데 신념이 강한 타입이라서 타협하고 양보하는 것이 이 타입에게는 쉬운 일이 아닙니다. 적당히 자신을 억제하며 상대방의 마음에 들기 위한 노력이 있어야 합니다.
70	ACBCA	자기 번뇌가 많은 소심한 예스맨 타입	자신을 엄격하게 통제함과 동시에 타인의 에너지에 편승하려는 의존적 성향도 강하게 갖고 있기에 스스로의 삶을 건강하게 개척하려는 열정은 미흡합니다. 융통성이 부족하여 이러한 두 가지 마음 상태가 극단적으로 상충하게 될 때에는 심적으로 심한 스트레스를 받기도 합니다.
71	ACBCB	다가서기 힘든 고집불통 외골수 타입	자신과 타인 모두에게 상당히 엄격한 잣대를 요구하며 배려라는 단어는 아예 모르는 사람입니다. 감정을 표현하는 것이 상당히 인색하며 주체성이 약하면서도 타인에 대한 비판 심리가 강하여 자기비하 혹은 열등감에 빠질 확률이 아주 높습니다.
72	ACBCC	모든 게 세상 탓이야! 위축된 마음의 암울한 타입	현실보다 높은 이상을 추구하며 시도해 보려 하지만 좀처럼 이뤄지지는 않습니다. 마음속 깊은 곳에 잠들어 있는 따뜻함과 배려심을 깨우는데 에너지를 집중한다면 무엇이든 원하는 것을 얻고자 하는데 좋은 결과를 만날 수 있습니다.

번호	코드값	타입명	내용
73	ACCAA	마음속 화를 지혜롭게 다스리지 못하는 타입	마음속에 크고 작은 폭죽들을 지니고 있습니다. 조금이라도 자신의 욕구에 미흡한 상황을 만나면 여지없이 터뜨려 버립니다. 유아적인 성향이 강하여 상대에 따라 온순하고 발랄해지기도 하지만 기본적으로 배려심과 이성적 성향이 미흡하여 결국에는 하고 싶은 대로 행동하고 표현합니다.
74	ACCAB	제멋대로 구는 어린 밤 도깨비 타입	세상의 자유로움을 유쾌하게 만끽하고 싶다면 타인의 마음에도 귀를 기울여야 합니다. 이 타입의 장점은 공상과 창의적인 성향의 아이디어맨이라는 것입니다. 현실성을 높이고 타인에 대한 배려심을 바탕으로 소통하려는 노력을 한다면 민폐형 인간이 아닌 유쾌한 에너지를 전달하는 사람으로 대우 받게 될 것입니다.
75	ACCAC	사려분별력 없이 '나만 잘났다' 타입	자신이 잘났다고 생각하는 부분도 봐 주는 상대가 있어야 가치가 있습니다. 더불어 살아감에 있어 가장 기본은 타인에 대한 배려와 따뜻한 마음의 교류라는 것을 깨닫는 것이 중요합니다.
76	ACCBA	빙산의 일각 타입	좋은 사람인 듯하면서도 어느 순간 냉정하고 불평불만이 가득한 비판주의자의 부정적 에너지를 보이지 않게 전달합니다. 보이는 것보다 감춰진 모습들이 더 많으며 이와 관련된 돌발행동으로 상대를 당혹스럽게 합니다.
77	ACCBB	자신만의 편견으로 상대를 정의하려는 타입	단순한 권위의식과 좋고 나쁨에 대한 이해력이 부족한 상태에서 타인의 좋은 모습보다는 나쁜 모습들을 이끌어내어 비판하고 이야기하기를 즐깁니다. 배려심과 내면의 충성심을 이끌어낸다면 보다 좋은 대인관계를 형성해 나아갈 수 있으니 자신에 대한 성찰의 시간을 확대시키는 것이 좋겠습니다.

번호	코드값	타입명	내용
78	ACCBC	외로움과 불행을 자초하는 타입	밝은 에너지를 지니고 있기는 하나 신중함과 상황적 융통성이 약하여 유쾌한 분위기로 에너지를 활용하기보다는 오히려 상대를 불편하게 만드는 경우가 많습니다. 한 곳에 정착하는 것이 어려운 사람입니다.
79	ACCCA	스스로를 억압하는 타입	서로 상반되는 성향이 극단적으로 높게 나타나면서 두 가지 마음 안에서 끊임없이 번뇌하게 됩니다. 자존심 강하고 비판적이어서 타인에 대한 자기주장을 표현하고 싶은 반면, 타인의 시선에 눈치를 많이 보며 순응하려는 에너지도 강하여 결국에는 스스로의 감정을 억제하며 수동적인 태도를 보이게 됩니다.
80	ACCCB	욕심은 많으나 현실이 따라주지 않는 타입	이 타입의 사람이 자신의 존재 가치를 올바르게 알리고 싶다면 자신의 이상과 현실을 면밀하게 분석하야 합니다. 스스로에 대한 올바른 이해, 타인의 생각 속에 있는 자신의 모습에 대해 열린 마음으로 탐색하여 보고 수용의 자세를 갖는 것이 좋습니다.
81	ACCCC	오만한 비평가 타입	끊임없이 타인에게 부정적이고 독선적인 태도로 위화감을 조성하는 것이 자신의 존재 가치를 인식시키는 방법이라고 생각하는 사람입니다. 냉담한 어조로 세상을 비평하며 자신을 알아주지 않는 세상에 독설만 내뱉을 뿐입니다.
82	BAAAA	집중력이 아쉬운 멀티 플레이어 타입	의욕이 넘쳐 자신의 한계가 어딘지도 모르고 끊임없이 뛰어 다닙니다. 자신의 삶에 대한 미래 결과도 생각하며 현실과 조율하는 현명함을 갖춘다면 더할 나위 없이 좋은 결과를 얻게 될 것입니다.
83	BAAAB	Best of Best 타입	최상의 에너지를 발산하는 타입입니다. 어느 한 부분에 한정된 역량을 지니고 있는 것이 아니라 다방면에서 자타공인 긍정 에너지가 가득한 유형입니다.

번호	코드값	타입명	내용
84	BAAAC	모험을 즐기는 인디애나 존스 타입	하고 싶은 건 언제라도 해내고 마는 타입입니다. 주변의 호감도나 신뢰감도 높아 좋은 인맥을 형성할 수 있습니다. 자신을 컨트롤하는 능력이 탁월하며 정신력 또한 매우 강합니다.
85	BAABA	타인에 대한 지나친 배려로 스스로를 힘들게 하는 타입	이 타입의 사람은 함께 공존하기 위해 노력하는 사람입니다. 일처리 능력 역시 뛰어나 어떤 문제든 합리적이고 깔끔하게 정리를 잘합니다. 스스로를 믿고 존경하는 마음을 가진다면 누구보다도 빛을 발하고 자신의 능력을 펼쳐 보일 수 있을 것입니다.
86	BAABB	평범하지만 아주 원만한 타입	이성과 지성이 발달된 이 타입은 합리적 판단력이 뛰어나며 어떤 상황 속에서도 다른 사람을 배려하고 챙기는 자상함을 엿볼 수 있습니다. 사람과의 관계를 중요하게 여기며, 깊은 사명감과 책임감으로 다른 사람에게 존경을 받습니다.
87	BAABC	자신만의 고집과 배려가 있는 타입	이 타입의 사람은 평소 타인을 배려하는 모습과 상황을 합리적으로 판단하는 성향이 있으나 한번 결심하거나 반대의 의견이 있을 경우 쉽게 굽히지 않는 성격입니다. 현실을 잘 파악하고 사리분별이 뛰어나 일을 할 때 별다른 문제없이 잘 해결하는 것이 이 유형의 특징입니다.
88	BAACA	배려가 몸에 밴 상황 협조형 타입	이 타입은 배려를 하는 것이 몸에 밴 사람입니다. 그러나 자발적인 행동이라기보다는 상황에 맞게 현실을 대처하는 행동에서 나온다고 볼 수 있습니다. 배려와 더불어 자신의 감정들을 표현하는 연습을 한다면 보다 좋은 관계의 결과를 얻을 수 있습니다.

번호	코드값	타입명	내용
89	BAACB	자기보다 타인을 위한 안테나만 발달한 타입	이 타입은 주변에서 좋은 사람이라는 평가를 많이 받습니다. 일상생활이 늘 다른 사람을 배려하고 양보하는 모습으로 다른 사람에 맞춰 일하는 조화로운 모습들을 보여줍니다. 그러나 자신의 감정 표현이 서툴고 인생을 즐길 줄 모르기 때문에 스스로는 행복하지 않을 수 있습니다.
90	BAACC	외로운 독선적 봉사가 타입	이 성격의 사람은 자신의 감정 표현이 서툴고 다른 사람과 함께 일하는 것을 어려워하는 외로운 타입입니다. 다른 사람을 배려하려고 하지만 자신의 기준에 맞춰 행동하기 때문에 상대에게는 배려로 느껴지지 않을 수도 있습니다.
91	BABAA	갈팡질팡 연기자 타입	이 타입은 천진난만한 모습으로 사람들에게 사랑을 받을 수 있지만 때로는 지나치게 다른 사람에게 의존하려고만 해서 상대를 피곤하게 하기도 합니다. 상황에 맞춰 자신의 역할을 바꿔가며 행동하기 때문에 인생을 즐겁게 살 수 있지만 높은 이상을 추구하지는 못합니다.
92	BABAB	'우리 모두 즐겁게'를 외치는 타입	이 타입의 사람은 자신과 주변 사람 모두가 즐겁기를 바랍니다. 자신의 감정에 솔직하고 다른 사람의 말에 귀 기울일 줄 아는 개방형 타입입니다. 자신의 인생에서 즐거움을 추구하는 다른 사람과 긍정적 시너지를 낼 수 있는 사람입니다.
93	BABAC	자기중심이나 동정심 넘치는 천진난만 타입	이 타입은 자신의 인생을 솔직하고 즐겁게 살기 위해 노력하는 사람입니다. 동정심 많고 호기심도 많지만 천진난만하고 상대를 배려하는 마음도 있어 다른 사람에게 미움을 사는 일은 별로 없습니다. 또한 자신의 감정에 치우쳐 작은 실수를 범하더라도 꿋꿋이 이겨내는 모습도 가지고 있습니다.

번호	코드값	타입명	내용
94	BABBA	배려 많은 착한 사람 콤플렉스 타입	이 타입은 배려가 지나쳐 다른 사람의 눈치를 보고 행동하거나 상대에게 의지하려는 소극적인 성격을 가지고 있습니다. 정이 많고 다른 사람을 먼저 생각하는 이 타입은 착한 사람 콤플렉스가 있는 경우가 많습니다.
95	BABBB	사람을 아끼고 좋아하는 원-원형 타입	이 타입은 의리와 인정이 넘칠 뿐만 아니라 밝고 긍정적인 행동과 성격으로 다른 사람들에게 좋은 평가를 받습니다. 어떤 환경과 입장에 있더라도 솔직하고 밝게 협조하기 때문에 주위에 많은 사람들이 모여듭니다.
96	BABBC	타인이 원하지 않는 배려를 제공하는 타입	이 타입은 다른 사람 돌보는 것을 매우 즐기는 타입입니다. 상대를 과잉으로 보호하려 하거나 자신의 입장에서 배려하는 것을 자제한다면 좋은 사람으로 인정받을 수 있습니다.
97	BABCA	너무 쉽게 믿는 도우미 타입	거절을 잘하지 못하는 이 타입은 자신이 곤경에 처하더라도 다른 사람의 일까지 도맡아 하다가 스스로 무너지는 경우가 생길 수 있습니다. 스스로 자존감을 키우고 다른 사람과 공존하기 위해 적절하지 못한 부탁은 거절하도록 노력하시기 바랍니다.
98	BABCB	누군가를 위해 일하는 서비스맨 타입	이 타입은 서비스 정신이 투철해 누가 있든 없든 항상 열심히 일하는 것을 볼 수 있습니다. 가끔은 사람들이 이것을 이용하기도 하는 안타까운 상황이 발생할 수 있는데 좀 더 자신의 느낌이나 감정을 표현하는 것이 좋습니다.
99	BABCC	지나치게 다른 사람만 돌보는 타입	이 타입의 사람은 삶의 낙이 오로지 다른 사람을 돌보는 것에만 집중되어 있습니다. 지나치게 열중한 나머지 자신을 돌보지 않는 경우가 있는데 다른 사람을 돌보는 만큼 자신도 돌봐주어 조금 더 행복한 삶을 즐길 수 있기를 바랍니다.

번호	코드값	타입명	내용
100	BACAA	식을 줄 모르는 열정에 들뜬 타입	이 세상의 모든 것에 관심이 많은 타입으로, 주목받고 싶고 다른 사람에게 사랑과 관심을 받고 싶어 하는 사춘기 청소년 같은 타입입니다. 늘 즐겁고 선한 성격으로 사랑스러운 모습을 보여주지만, 성공적인 사회생활을 위해서는 성숙한 모습을 보여주어야 합니다.
101	BACAB	분위기를 주도하는 타입	행동이 감정에 좌우되는 성격으로 인정미가 있고 활달하며 성격이 밝아 주위에 사람들이 많이 모이며 타산적이지 않아 세상의 평가도 매우 좋은 편입니다. 하지만 자신의 실속은 못 차릴 수도 있습니다.
102	BACAC	개구쟁이 꼬마 같은 타입	재미있고 즐겁게 사는 데는 결코 뒤지지 않는 타입으로 세상의 만물에 호기심이 넘치고 무엇이든 같이 껴서 놀고 싶어 하는 마음이 강한 타입입니다. 언뜻 유쾌한 사람으로 보일 수 있으나 자유로움이 지나쳐 다소 충동적으로 행동할 가능성이 높은 타입입니다.
103	BACBA	과민한 성격의 타입	이 타입은 지나치게 상대방을 배려하고 자상하며 타인의 눈치를 보는 탓에 자신의 실속은 차리지 못하고 다른 사람들에게 이용당할 가능성이 높다고 볼 수 있습니다. 자신을 좀 더 소중하게 생각하고 스스로에 대한 믿음으로 배짱 있게 세상과 마주할 필요가 있습니다.
104	BACBB	자상함이 과하여 자신을 내던지는 타입	이 타입의 가장 큰 장점은 자상함과 배려 깊은 마음을 지닌 것이라 할 수 있겠습니다. 하지만 이러한 장점이 과하여 지나치게 상대를 배려하다 보니 정작 자신의 실속은 차리지 못하고 자신의 인생을 무너뜨릴 위험이 있습니다. 현실을 살필 줄 아는 안목이 필요합니다.

번호	코드값	타입명	내용
105	BACBC	정에 약하고 방황하는 아이 타입	분별력이 떨어지며 타인의 부탁을 잘 거절하지 못하여 자칫 실수가 많을 수 있는 타입입니다. 인생에서 이성과 감성의 균형 감각이 필요합니다.
106	BACCA	겉모습과 속마음이 다른 타입	이 타입은 속으로 어떤 생각을 하고 있는지 잘 알 수가 없습니다. 스스로 우울함을 느끼고 욕구충족이 되지 않을 때 더더욱 웃으려고 하는 이중적인 모습이 있어 속마음을 가늠하기 어렵습니다.
107	BACCB	정에 얽매여 아무것도 보지 못하는 타입	이 타입은 의리 있고 다른 사람을 돌보거나 도와주려고 하는 성향이 강합니다. 하지만 정에 너무나도 약해 나쁜 의도를 갖고 있는 사람들이 이용하려고 들면 이용당하기 십상이라 손해 보는 삶을 살 수도 있으니 조심해야 합니다.
108	BACCC	분수에 넘치는 참견을 하는 타입	이 타입은 타인과의 관계에 그다지 관심이 깊지 않음에도 과한 참견을 하는 성향을 보입니다. 하지만 이런 모습은 심리학적으로 자신의 앞가림도 제대로 하지 못하는 스스로에 대한 위로에서 나오는 행동으로 볼 수도 있습니다.
109	BBAAA	좋은 사람들과 즐겁게 살아가기를 꿈꾸는 타입	이 타입은 자신이 좋아하는 것과 좋아하는 사람들에게만 관심이 있으며, 그들과 어떻게 하면 즐겁고 행복하게 살아갈 수 있을까에 집중합니다. 합리적인 판단력과 사려분별력이 뛰어나지만 그러한 강점을 복잡한 사회적인 문제에는 소모하려고 하지 않는 쾌락 추구의 경향이 있습니다.
110	BBAAB	마음의 방이 두 개인 타입	이 타입은 스스로 자신의 삶을 디자인하며, 상황에 따라서 마음가짐을 달리하고 행동을 달리할 수 있는 매우 합리적인 사람입니다. 한 가지 일에 얽매여 그것에 대해 계속 걱정을 하거나, 한 번의 실패에 억눌려 다시 일어서지 못하는 등의 어리석은 행동을 하지 않는 사람입니다.

번호	코드값	타입명	내용
111	BBAAC	자신에게 도움이 되는 인생을 즐기는 타입	한마디로 말해서 자신이 원하는 것에 대해서만 최대의 에너지를 쏟는 타입이라고 말할 수 있습니다. 지극히 자기중심적이지만 자기보전에 대해 매우 높은 이성이 작용하므로 타인에게 완전히 배척되는 행동을 하지는 않습니다.
112	BBABA	열등감이 자기실현을 막고 있는 타입	이 타입의 높은 지성과 이성은 무슨 일을 하든 굉장한 결과를 만들어낼 수 있는 기본적인 저력을 갖게 합니다. 그러나 타인의 평가를 지나치게 생각하기 때문에 이성으로 판단된 일을 행동으로 이어가지 못하고 빛을 보지 못하는 경우가 많습니다.
113	BBABB	균형 감각이 뛰어난 타입	평범한 인생을 살아가는 데 있어 아주 이상적인 유형으로 매우 균형 있는 마음상태로 채워져 있는 타입입니다. 그러나 균형을 잡으려는 마음이 무의식적으로 잠재해 있기 때문에 능력이나 재능을 키우는 데 있어서 스스로가 막고 있는 상황이라고 볼 수 있습니다.
114	BBABC	계산이 빠른 타입	이해타산적인 면이 강하다 보니 멀리 내다보지 못하고 당장의 이익에만 연연할 수 있는 타입니다. 사람들과 타협하고, 상대를 인정하며 때론 자신을 낮춰야 할 때에도 오로지 자기중심적인 성향이 나타나 인간관계를 그르칠 가능성도 높습니다.
115	BBACA	자유분방함과는 담을 쌓고 있는 타입	어떠한 일에는 많은 지식은 갖추고 있지만 실제 상황에 접목하지 못하고 소홀한 타입입니다. 주위 상황을 지나치게 살피며 좋은 사람, 이성적인 사람이라는 칭호를 받고자 하는 마음이 지나쳐 정작 자신이 하고 싶은 일이나 욕구에 대해서는 누르기만 하는 형국입니다.

번호	코드값	타입명	내용
116	BBACB	안전지대에서 안주하는 타입	상당히 이성적으로 보이지만 그 안에 사려분별력이 모두 소극적이라 빛을 발하지 못하는 타입입니다. 내면에 있는 밝은 천성 등을 겉으로 표출하지 못하니, 자칫 어두운 심성을 갖고 있는 것처럼 보이기도 합니다.
117	BBACC	세상을 바라보고만 있는 타입	이 타입은 맺고 끊음이 확실하지만, 제멋대로는 아닙니다. 주변에서 좋은 사람이라는 평판을 받는 것도 원하지 않고 비난을 받는 일도 하려고 하지 않는 사람입니다. 다소 완고한 성격으로 타인과 타협하거나 협조하려는 자세가 부족합니다.
118	BBBAA	유아적 성향이 높은 타입	이 타입은 전형적인 아이 같은 성향으로 사물에 대한 호기심이 왕성하고 주위 의식 없이 자유분방하게 행동합니다. 사람들에게 호감을 얻고 싶어 하고, 칭찬 받는 것을 매우 좋아하여 타인의 기대에 부응하기 위해 과할 정도의 노력을 하기도 합니다.
119	BBBAB	본능이 충만한 타입	세상에는 즐겁게 할 수 있는 일이 너무나도 많다는 것을 아주 잘 알고 있는 타입입니다. 일반적인 사람들에 비해 자신의 욕구충족에 있어서 강한 에너지를 쏟아 부으며 마치 세상을 놀이터와도 같이 생각하지만 개념 없는 행동을 하지는 않습니다.
120	BBBAC	숲속의 야생마 같은 타입	언제 어디서든 자신의 마음대로, 구애받지 않고 살아가는 것이 최대의 목적인 이 타입은 사람들에게 폐는 끼치지 않되, 간섭 또한 원치 않고 그저 자신이 가고 싶은 곳으로 힘차게 뛰어 가고 싶어 합니다.
121	BBBBA	착한아이 증후군 타입	이 타입은 어떠한 경우라도 싫은 내색을 하지 못하는 성격이라 늘 주위를 의식하며 발을 동동거리고 있는 상태로 스스로 스트레스를 받고 있을 가능성이 높습니다.

번호	코드값	타입명	내용
122	BBBBB	평범하고 조용하게 생활하는 타입	무난함 그 한 마디로 정의할 수 있는 타입입니다. 특별히 뛰어나거나 모자란 것도 없는 아주 평범하며 무난한 타입이지요. 문제가 될 만한 소지가 없기 때문에 일반적인 생활을 하는 데 있어서는 충분히 괜찮은 삶을 살고 있다고 할 수 있습니다.
123	BBBBC	평판에는 관심 없는 평범한 타입	이 타입은 매우 평범한 성향으로 자신이나 타인에게 적당히 엄격하며 책임감도 있고, 인정미나 배려심도 갖고 있습니다. 세상을 즐길 줄 아는 풍미도 가졌으며 다른 사람들에 비해 이성이나 지성이 미흡하지도 않지만 한 가지 부족한 것은 너무 주위의 식을 하지 않는다는 것입니다.
124	BBBCA	자신을 어둠에 가두는 타입	사람들 눈에 잘 띄지 않는 성격의 타입입니다. 자신이 요구하는 바를 상대에게 관철시키려는 마음이 전혀 없으며 항상 속으로 자신을 가두기만 하며 열등감에 시달릴 수 있는 사람입니다.
125	BBBCB	소극적이나 성실한 타입	주어진 상황에서 성실함을 무기로 하루하루 살아가는 타입입니다. 사회나 타인에게 피해를 주는 사람이 아니므로 한평생 큰 사건 없이 평화롭게 살아갈 수 있을 것입니다.
126	BBBCC	유야무야한 타입	무엇도 눈에 띄지 않는 타입입니다. 자신이 가고자 하는 길은 가되, 가고 싶지 않은 길로는 들어서지 않는 사람입니다. 인간의 기본적인 욕구 외에 다른 쾌락을 쫓지는 않으므로 흥청망청 자신을 망치거나 주위 사람들에게 민폐를 끼치는 일은 없습니다.
127	BBCAA	매직 라이프를 꿈꾸는 타입	어릴 적 보았던 만화 속에서 헤어나오지 못하고 있는 것은 아닌지 진지하게 생각해 보아야 할 타입입니다. 그러나 평범한 상식이나 타인을 배려하는 마음가짐 등으로 주위에서 볼 때에는 특별히 이상한 사람이라거나 모자란 사람으로 인식을 하지는 않습니다.

번호	코드값	타입명	내용
128	BBCAB	변덕이 팥죽 끓듯 하는 타입	왕성한 호기심과 풍성한 감성으로 꽤 귀여운 인상을 주는 타입입니다. 그러나 변덕이 매우 심해 극과 극인 행동이나 감정 상태를 보일 수가 있습니다.
129	BBCAC	호기심 가득한 망아지 타입	기본적으로 아이 같은 순수함이 있어 감정표현에 정직하며 문득문득 파고드는 자유를 향한 갈망과 새로운 것이나 필요로 하는 것을 얻고자 하는 욕망, 이런 것들로 인해 평범하던 생활이 갑자기 파란만장해질 수 있는 타입입니다.
130	BBCBA	인생의 멘토가 필요한 타입	물가에 내놓은 어린아이 같은 타입입니다. 주변 사람들에게 항상 보호와 관심의 대상이 됩니다. 자신에 대한 자긍심이나 주체성이 결여되어 있어 독립적으로 무언가를 해내기에는 어려운 면이 있습니다.
131	BBCBB	현명한 상황 판단력이 요구되는 타입	평범한 인생을 살기에 모든 것을 갖추었으나 가장 중요한 현실감이 미흡합니다. 보통의 일상적인 삶 속에서는 크게 드러나지 않으나 조금만 다른 문화나 사람들과 만나게 되면 군중 속에 휩싸인 어린아이처럼 넋을 놓게 됩니다.
132	BBCBC	가벼운 오만함으로 인생의 기회를 놓쳐버리는 타입	삶에 대한 태도가 조금만 신중하다면 충분히 다른 삶을 살아갈 수 있는 타입입니다. 그러나 좀 더 이성적인 생각으로 현실을 직시하시는 것이 좋겠습니다.
133	BBCCA	우울한 순종 타입	위축되고 억압된 성향으로 자신감이 부족하여 타인의 지시에 따라 움직이면서 늘 불안감과 초조함 속에 삶을 살아갑니다. 의존감이 강하여 주변의 말을 있는 그대로 믿고 따르면서 자신의 삶을 소비해 버립니다.

번호	코드값	타입명	내용
134	BBCCB	존재감이 미약한 타입	이 타입은 태어났으니 살고 있는 사람입니다. 세상에 대한 부정적인 생각을 갖고 있는 것도 아니고 그저 순응하며 따라가는 인생에 만족하는 사람입니다. 주어진 삶에서 뭔가 이루려는 목적의식도, 얻으려는 욕심도 없습니다.
135	BBCCC	삶에 대한 존중감이 상실된 타입	표면적으로는 보통 수준의 사람이지만 이면의 모습은 융통성이 부족하고 소심하며 고집이 세고 자기중심적으로 행동합니다. 일을 하는 것도 살아가는 것도 특별한 의미는 없지만 안하면 안 되니까 하는 사람입니다.
136	BCAAA	하이힐을 신은 영악한 어린아이 타입	전반적으로 유아적 성향이 강한 이 유형은 겉으로는 괜찮은 사람 같아 보이나 타인에 대한 배려심이 극히 미흡하여 주변에 대해서는 전혀 관심이 없습니다.
137	BCAAB	전략적으로 본성을 숨기는 타입	이 타입의 사람은 상당히 냉정하고 자유분방한 사람이지만 현실에 맞게 처신하는 능력이 뛰어난 사람입니다. 타인이 어떻게 되든 크게 개의치 않는 사람으로 인간미가 결여되었으나 전략적으로 이를 감추는 것 또한 능한 사람입니다.
138	BCAAC	회색 심장을 지닌 자유영혼 타입	이 타입은 자유로움을 추구하는 현실주의자로 얕은 관계에서는 꽤 매력적일 수 있으나 자기 잘난 맛에 사는 사람으로 타인을 위해 자신을 희생하는 일은 결코 없습니다. 늘 자기중심적으로 모든 것을 생각하고 행동하며 자기 삶에 대한 쾌락적 행복 추구가 인생의 목표인 사람입니다.
139	BCABA	눈치 빠른 현실주의자 타입	이 타입은 내가 어디에 줄을 서야 편안한 인생을 살아갈 수 있을까에 명민하게 움직이는 사람입니다. 타인의 기대에 부응하려고 하는 순종적인 성향으로 '좋은 사람 증후군'에 빠져 있습니다.

번호	코드값	타입명	내용
140	BCABB	계산으로 인생을 설계하는 타입	이 타입의 사람은 상당히 무미건조합니다. 타인에 대한 배려심이 약해 쌀쌀맞고 주위에 관심이 적지만 현실감각 하나만큼은 탁월해 세상을 살아가는 데 필요한 만큼의 처세는 가능합니다. 당신은 당신! 나는 나! 일은 일! 이런 성향이 강합니다.
141	BCABC	혼자일 때가 가장 행복한 타입	이 타입의 사람에게 타인에 대한 배려, 관심, 공감 등의 단어는 존재하지 않습니다. 자기중심적이고 독선적인 면이 강하여 기본적으로 사람과의 융화 자체가 쉽지 않은 타입입니다.
142	BCACA	주인을 기다리는 컴퓨터 타입	일단 타인에 의해 전원이 켜져야만 움직일 수 있는 사람입니다. 자신의 인생을 어떻게 살아야 행복한가에 대한 주체적 생각이 미약하여 늘 타인과의 종속적인 관계를 유지하며 안정감을 느낍니다.
143	BCACB	우울한 우등생 타입	보편적인 필요에 의해 자신이 현실적으로 지금 당장 무엇을 해야 할지 아주 잘 알고 있는 사람이지만 자신만의 특별한 의미나 목적의식, 즐거움 등이 빠져있는 상태로 하루하루를 살아갑니다.
144	BCACC	사려분별 하나로 인생을 살아가는 타입	'Yes', 'No'가 명확하여 인간관계가 매우 심플합니다. 좋은 듯 보이나 본인 위주의 생각에서 나오는 결과이며 기본적으로 타인과의 관계에 대한 애착이 없는 사람입니다. 언뜻 보면 모든 것을 달관한 사람처럼 보이나 실은 아주 냉담하며 무미건조합니다.
145	BCBAA	자기만 생각하는 아이 타입	다른 사람과의 관계에서 배려를 하지 못하고 자신의 감정만을 소중하게 생각하는 타입입니다. 모든지 흥미 위주로 생활하며 다른 사람의 말에 귀 기울이지 못해 낭패를 볼 수 있습니다.
146	BCBAB	호기심 많은 냉정한 사냥꾼 타입	평소에는 욕심이 없어 보이지만 일단 호기심 거리가 생기면 무섭게 달려드는 사냥꾼 타입입니다. 자기 손에 들어간 것은 밖으로 절대 나가지 않습니다. 다른 사람에게 베푸는 법이 없고 배려하는 것을 모르기 때문에 옆에 있으면 사람을 지치게 합니다.

번호	코드값	타입명	내용
147	BCBAC	미운 일곱 살 고집불통 아이 타입	고집불통에 자신의 감정대로 상대가 움직여주기를 바라는 타입입니다. 미운 일곱 살이라는 말처럼 상대를 힘들게 해 미워하게 만드는 재주도 뛰어납니다. 그러나 상대가 미워해도 자신은 별로 신경 쓰지 않습니다.
148	BCBBA	피해의식 속에 갇혀 비뚤어진 타입	의존적이고 소극적인 성격의 이 타입은 자신의 감정을 잘 표현하지 못하며 모든 상대에게 지나친 열등감, 피해의식을 가지고 있습니다. 타인에 대한 배려도 미흡하여 혼자 외롭게 살아가게 될 수 있습니다.
149	BCBBB	평범하지만 냉정한 타입	이 타입은 시대를 대표할 만큼 평범해 보이지만 언제나 냉정한 마음을 유지하기 때문에 다른 사람을 위해 시간과 돈, 정성을 들이지는 않습니다. 직장 생활은 무리 없이 잘할 수 있지만 건조한 인간관계를 보입니다.
150	BCBBC	나 혼자가 편해요, 관계에 인색한 타입	누군가에게도 손가락질 받지 않을 만큼만 교류하는 타입입니다. 자신이 신경 써야 할 일을 만들지 않는 이 타입은 사회적인 성공은 어렵지만 본인도 그 사실을 인지하고 있으며 그 이상을 원하지도 않습니다.
151	BCBCA	고독을 즐기는 홀로서기 타입	무엇이든 혼자서 조용히 하는 것을 좋아하는 타입입니다. 다른 사람에게 도움 받는 것이나 다른 사람을 위해 희생하는 것 모두 불필요하게 느끼며 혼자서도 무엇이든 잘할 수 있는 사람입니다.
152	BCBCB	부정적인 마음에 가려 즐거움을 찾지 못하고 있는 타입	이 타입은 부정적인 마음이 강하여 인생의 즐거움을 찾지 못하고 있습니다. 이상과 목적을 이루기 위해 뚜렷한 목표의식을 갖고 있지는 않으나, 어렵고 힘든 상황이라도 극단적으로 낙담하지는 않으며 헤쳐나갈 수는 있는 사람입니다.

번호	코드값	타입명	내용
153	BCBCC	냉정한 마음속에 반항아가 집을 짓고 있는 타입	이 타입은 동정심이나 감정의 변화가 적은 냉정한 마음의 소유자라 할 수 있습니다. 차가운 마음속에 반항아 기질까지 숨어 있어 알면 알수록 감당할 수 없는 어려운 사람이라고 생각해 버릴 가능성이 큽니다.
154	BCCAA	자유로운 야생마이면서 명마로 인정받고 싶어 하는 타입	세상의 중심에 서 있는 타입입니다. 자신이 하고자 하는 일, 좋아하는 일, 잘하는 일에 대한 집중도가 뛰어납니다. 타인에 대해서는 무관심하지만 자신에 대한 관심과 칭송의 욕구는 매우 강합니다.
155	BCCAB	전형적인 어린아이 같은 타입	주변 사람들에게 특별한 정을 갖지 않고 여러 곳을 돌아다니며 많은 일을 하는 천방지축 어린아이 같은 사람이라고 볼 수 있겠습니다. 악의를 갖고 해코지하려는 마음은 전혀 없으나 본의 아니게 문제를 일으킬 수 있는 성향입니다.
156	BCCAC	질주하는 카레이서 타입	천진난만 장난꾸러기 아이와 같은 타입입니다. 어린 시절의 습성 그대로 어른이 된 것 같은 모습이라고 생각할 수 있습니다. 말 그대로 아이처럼 타인에 대한 배려심이나 사려분별 능력이 부족하며 하고 싶은 대로 행동하는 사람입니다.
157	BCCBA	Give & Take가 되지 않는 타입	대인관계에 있어서 본인은 다른 사람에게 인정을 베풀거나 돌보아 주는 것은 결코 있을 수 없는 일이라는 생각을 갖고 있는 타입입니다. 그러나 반대로 상대방은 자신에게 배려해주기 바라고, 인정해주길 바라며 좋은 사람으로 인식되어지길 바라고 있습니다.
158	BCCBB	우유부단한 냉정인 타입	이 타입의 사람은 평범한 사회상식이나 감정, 배려 등에 있어서는 문제가 없는 사람이나 다른 사람들에 비해 마음이 냉정하고 판단력이 조금 부족합니다.

번호	코드값	타입명	내용
159	BCCBC	무엇이 문제가 될 지 모르는 타입	이 타입은 기본적으로 마음이 차갑고 반항하고자 하는 태도가 있으며 독선적이고 사려분별력이 매우 낮습니다. 본인이 생각지도 못한 작은 일이 큰 문제로 전개되는 경우가 있을 수 있습니다.
160	BCCCA	세상의 눈치를 보며 버티는 타입	이 타입은 기본적인 욕구가 매우 낮은 사람으로 어둡고 차가운 성격에 소심합니다. 본인은 밝은 세상 속에서 사람들과 어울려 즐겁게 살아가고자 하지만, 이성과 지성이 매우 낮아 그 방법을 찾지 못하고 갈팡질팡합니다.
161	BCCCB	머리부터 발끝까지 힘이 하나도 없는 타입	이 타입의 사람은 온몸의 에너지가 거의 다 빠져나가 손가락 하나 움직이기가 힘든 상태입니다. 사람에 대한 감정도 없고, 이성적으로 생각하고자 하는 생각도 하지 않으며 삶을 즐겁게 살아보고자 하는 욕구도 없는 상태입니다.
162	BCCCC	세상에 나만 살아가고 있는 타입	이 타입은 얼음처럼 차가운 마음과 돌부처 같은 표정으로 감정 표현도 미흡하고 위축되어 있습니다. 이기적이고 배려가 부족하며 본인의 변화 의지가 미약하여 타인의 도움도 받기 어렵습니다.
163	CAAAA	인생의 활주로 타입	다른 사람들과 조화롭게 잘 살아가는 타입의 사람입니다. 대인관계에 있어 어떻게 행동해야 하는지도 잘 알고 있고, 타인을 배려하는 마음이나 지적 능력도 뛰어납니다. 또한 자신이 하고자 하는 욕구에 대해서도 솔직한 편입니다.
164	CAAAB	능력 좋은 베짱이 타입	자신의 능력과 욕구가 높다보니 하고 싶은 것도 너무 많고 즐기고 싶은 것도 너무나 많은 타입입니다. 항상 그런 것들이 머릿속에 있다 보니 제대로 업무에 몰두하거나 목표를 세워놓고 노력을 하는 것이 쉽지 않습니다.

번호	코드값	타입명	내용
165	CAAAC	'인생은 즐거워' 타입	이 타입은 천진난만한 아이 같은 순수함을 갖고 있습니다. 사람들에 대한 따뜻한 인정도 갖고 있고, 그저 즐기는 것으로만 보이긴 해도 머릿속으로는 정확한 분별과 계산을 할 줄 아는 뛰어난 이성도 갖추고 있습니다.
166	CAABA	남 좋은 일만 시키는 타입	기본 성격 자체가 거절을 못하고, 싫다는 표현도 못하는 등 너무 여린 타입입니다. 누군가가 귀찮게 해도 싫은 내색도 비추지 못하고 하기 싫은 것도 상대의 눈치를 보느라 어떻게든 해보려고 하는 사람입니다.
167	CAABB	'좋은 게 좋은 거지' 타입	주위 누구든 좋아하는 타입입니다. 이런 타입의 사람은 다른 사람이 어떤 실수를 하던 잘못을 하던 모두 덮어 주고 심지어는 대신 처리를 해주는 등 좋은 평판을 듣기에 딱 좋은 성격입니다.
168	CAABC	봉사활동을 낙으로 사는 타입	이 타입은 봉사활동 자체가 즐거운 타입입니다. 다른 사람을 돕는 데에 있어서 보람을 느끼고, 자기실현을 하는 사람입니다. 그러나 정작 타인을 돕는 것에만 몰두하다 보면 자기 자신은 돌보지 못할 가능성이 높습니다.
169	CAACA	이 시대의 어머니 타입	늘 묵묵히 맡은 자리를 지키며, 화가 나도 참고 참으며 용서하는 어머니 같은 타입입니다. 타인을 비난하는 경우는 거의 없으며 타인을 위해서는 자신을 내던져서라도 도와주고 싶어 하는 사람입니다.
170	CAACB	인생의 목적이 '인정'인 타입	이 타입은 마치 세상에 인정을 전파하고자 태어난 사람 같은 것이 특징입니다. 모든 일을 판단할 때 어떻게 하면 다른 사람들에게 도움이 될까, 어떻게 하면 내가 돌보아 줄 수 있을까를 염두에 두고 결정을 하는 일이 많습니다.

번호	코드값	타입명	내용
171	CAACC	봉사활동으로 자기 실현을 하는 타입	자신이 믿고 있는 것이 무조건 옳고 좋은 것이라는 생각을 갖고 있는 타입입니다. 예를 들어 종교단체의 활동가 같은 스타일로서 자신은 손톱만큼의 악의도 없고, 이것이 당연한 것이기 때문에 다른 사람들에게 권하고 끌어들이려는 선한 의도가 많은 것입니다.
172	CABAA	둥글둥글 원형 같은 타입	인격적으로 '좋은 사람'이라는 평판을 듣는 타입입니다. 기본적인 성향이 밝고 타인에 대한 배려심이나 인정미가 넘치는 사람으로서 누구에게나 호감을 사기가 쉽습니다.
173	CABAB	자유로운 영혼 타입	이 타입은 말 그대로 어디로든 날아갈 수 있는 새와 같은 사람입니다. 그렇다보니 자신의 즐거움이 사회 체제보다도 우선시되기도 합니다. 자신을 옭아매고 있는 것이라면 어떤 것이든 괴로워하기 때문에 사회의 체제 안에 있는 것을 싫어합니다.
174	CABAC	'그때 그때 달라요' 기분파 타입	이 유형의 사람들은 항상 '기분대로' 움직이는 성향이 강한 타입입니다. 한 가지 일에 매진해서 노력을 하기보다는 힘들거나 책임감이 필요한 길을 되도록 피해가려고 하고 즐거운 길, 편안한 길을 추구합니다.
175	CABBA	헌신이 삶의 보람인 타입	이 타입은 마치 세상에 헌신을 하기 위해서 살아가는 듯합니다. 항상 자신보다 다른 사람을 신경 쓰고 비위를 맞추며 그런 것에 기쁨을 느끼고 있습니다. 그러나 이 세상에는 이런 타입의 사람을 이용하려고 하는 무리가 너무 많다는 것이 문제입니다.
176	CABBB	평화주의자 타입	'온 세상에 평화를'이 삶의 모토인 타입입니다. 누구와도 적이 되고 싶지 않고 항상 조화롭게 살아가고 싶어 합니다. 그런 사상이 강하다 보니 정작 자신의 목표를 위해서 강하게 일을 추진하거나 도전하는 것에는 관심이 없습니다.

번호	코드값	타입명	내용
177	CABBC	자상함의 표본 타입	자상함 하나로 똘똘 뭉친 타입입니다. 인정미 넘치고 다른 사람에게 싫은 소리도 잘 못하는 착한 성격입니다. 타인에게는 좋은 사람일지 모르나, 정작 자기 자신에게는 득이 되지 않는 성격인 것입니다.
178	CABCA	'나'는 없고 '너'만 있는 타입	인정도 많고, 배려도 깊고, 의리도 있는 3다(多) 타입입니다. 자신이 손해 볼 것을 뻔히 알면서도 거절 못하고, 이건 아닌 것 같다 싶으면서도 내색 못하며 당연한 권리조차도 주장 못하는 순하디 순한 사람이라고 할 수 있습니다.
179	CABCB	조신한 여성상 타입	한마디로 가부장적 시대에서 살아온 어머니 같은 타입입니다. 누구보다도 자상한 맘씨를 지녔고 누구든 내손으로 돌보아 주어야만 한다는 생각을 갖고 있는 이 타입은 다른 사람들에게는 좋겠지만, 자기 자신에게는 좋을 것이 없다는 것이 문제입니다.
180	CABCC	어디로 가야 할지 판단 못하는 타입	무엇인가를 시작하기 전에 정확한 목표설정도 없고, 꼭 해야겠다는 책임의식도 부족한 타입입니다. 자상하고 따뜻한 마음은 갖고 있으되, 때로는 제멋대로 이기도 한 성향이 공존해 있는 조금은 종잡을 수 없는 타입이기도 합니다.
181	CACAA	부표 없이 유랑하는 타입	따뜻한 마음을 갖고 있는 아이 같은 타입입니다. 다른 사람을 향한 자상함과 관대함을 갖고 있으며 타인의 잘못에도 질책하지 않고 넘어가는 편입니다. 그러나 그러한 부분들은 어쩌면 책임을 다하지 않는 모습일 수 있습니다.
182	CACAB	착한 사람의 표본 타입	온 세상이 이런 사람들로 가득하다면 싸움도 없고 경쟁도 없고 말 그대로 평화로운 세상이 될 것입니다. 자신보다는 타인을 먼저 생각하고 당장 내 배가 곯아도 옆에서 배곯고 있는 사람을 보면 무엇이든 주고 싶어 하는 마음씨 고운 사람입니다.

번호	코드값	타입명	내용
183	CACAC	천진난만 대책 없는 타입	이 타입은 아이처럼 천진난만하고 귀여운 면이 있으며 다른 사람을 향한 배려심이 많고 인정이 많습니다. 또한 하고 싶은 것도 많고 늘 사물을 호기심 어린 눈으로 바라보며 감정표현이 풍부하고 열정적입니다.
184	CACBA	튀어 오르지 못하는 타입	이 타입의 대표적인 특징이 자신의 생각은 감춰두고 무조건 다른 사람을 따라 행동하는 것입니다. 자신의 결정에 늘 소신이 없고 혹시라도 잘못 할까 전전긍긍하는 모양새입니다. 좋게 보면 따뜻하고 온화하며 배려심이 깊다고 볼 수도 있습니다.
185	CACBB	세상의 아름다운 모습만을 보는 타입	인격적으로는 참 좋은 타입이라고 할 수 있습니다. 자신의 앞가림을 하기보단 다른 사람의 앞가림을 해주고 싶어 하며 이해타산적인 부분이 부족하여 악의 무리에게 이용을 당할 확률도 높은 사람입니다.
186	CACBC	같은 무리의 우두머리 타입	자신이 속해 있는 집단의 특성에 따라 우두머리가 될 수도 있고 존재가치가 없는 사람이 될 수도 있는 타입입니다. 이 타입의 사람들은 독특한 생활방식을 갖고 있습니다. 좋은 면을 본다면 다른 사람들을 잘 챙겨주고 자상하며 인정이 많다는 것입니다.
187	CACCA	70년대 헌신적인 어머니 타입	나의 자녀를 위해서, 배우자를 위해서, 모든 가족을 위해서 뼈를 깎는 고통도 참아내고 인내하며 자신을 희생하는 깊은 사랑의 어머니 같은 타입입니다. 타인을 향한 비판이라는 것이 없으며 항상 다른 사람을 돌보기 위해 전력을 다하며 살고 있습니다.
188	CACCB	사리분별력이 약하고 그늘진 타입	인정미 넘치고 타인을 비판할 줄 모르는 착한 성격이나 그것이 오히려 우유부단함으로 이어져 남들에게 이용을 당할 가능성이 높습니다. 본인은 자상함을 무기로 생각할 수 있겠지만 결코 인생을 살아가는 데 있어서 장점이라고 볼 수만은 없는 타입입니다.

번호	코드값	타입명	내용
189	CACCC	아이러니한 삶을 살아가고 있는 타입	세상에 이런 타입이 존재할까 싶을 정도로 희박한 가능성의 타입입니다. 이 타입은 사회를 살아가는 데 필요한 질서, 체제, 도덕, 논리, 책임감, 분별력 등 어느 것 하나 갖추고 있는 것이 없습니다.
190	CBAAA	자유와 모범의 양가감정 속에 방황하는 타입	이 타입은 자유분방함과 사회적 합리성을 함께 가지고 있는 타입입니다. 모순된 두 감정을 함께 가지고 있기 때문에 늘 갈등이 생깁니다. 자유롭게 생활하고 싶은 마음과 사회적으로 성공하고 싶은 두 욕구가 상반된 문제 해결 능력을 보여주기도 합니다.
191	CBAAB	스스로를 한량이라 생각하고 즐기는 타입	이 타입은 한 번뿐인 인생을 즐기며 살아야 한다고 생각하고 움직이는 타입입니다. 인생의 즐거움을 찾아 다양한 것에 도전하는 이 타입은 돈을 벌기 위해 움직이는 것이 아니라 새로운 취미나 재미를 즐기기 위한 기반으로 일을 하는 경우가 많습니다.
192	CBAAC	줏대 없이 자기만족만을 추구하는 타입	이 타입은 양육자에 의해 도덕주의나 권위주의 등의 자동사고 능력이 발달하지 못하고 자신만의 감정에 충실하게 움직이는 사람입니다. 현실 속의 질서나 규칙 등을 잘 이해하지 못하고 자신이 추구하는 이상을 위해서 독단적인 모습을 보여줍니다.
193	CBABA	권위라고는 전혀 찾아볼 수 없는 타입	이 타입의 사람은 사회의 도덕이나 사명에 대해서는 관심이 없습니다. 사회적 현실과 사람의 감정에 대해서 매우 민감하게 느끼고 대처하는 능력이 뛰어난 이 타입은 상황에 맞춰 자신의 입장을 잘 바꾸기도 합니다.
194	CBABB	뛰어난 현실 파악 능력은 있으나 실현하지 않는 타입	이 타입의 사람은 현실감각이 뛰어납니다. 뛰어난 현실 파악 능력과 합리성을 가지고 있으나 인내력이 부족하고 열심히 일하고자 하는 마음이 부족해 그 능력을 살리지 못하고 사회에서 인정받지 못하는 경우가 많습니다.

번호	코드값	타입명	내용
195	CBABC	마이페이스를 외치는 현실적 반항아 타입	이 타입의 사람은 착한 사람으로 보이고 싶어 하는 마음이 조금도 없는 반항아 타입입니다. 다른 사람의 말에 귀 기울이지 않고 자신이 하고 싶은 것을 고집하는 면이 있습니다. 이 타입 또한 도덕적 정의나 사명감에 대해서는 무관심한 편입니다.
196	CBACA	개미처럼 부지런히 일에 충실한 타입	이 타입은 자신의 욕구나 본능, 쾌락에 대해서는 거의 욕망이 없으며 사회적으로도 대단한 명예욕이나 권력을 갖고자 하는 마음도 적습니다. 오로지 자신이 속해 있는 조직에서 충실하게 일하며 만족을 느끼고 삶의 의미를 갖는 타입입니다.
197	CBACB	반듯하게 일생을 살아가는 타입	이 타입은 타인을 비판하는 일이 거의 없고, 참견이나 간섭도 잘 하지 않으며 '좋은 게 좋은 것'이라는 생각을 갖고 합리적으로 살아가는 사람입니다. 대인관계에 있어서 문제가 될 소지가 없으며 무난하게 지낼 수 있는 타입입니다.
198	CBACC	두뇌는 활발하나 몸은 무기력한 타입	이 타입은 말수가 적고 감정표현이 거의 없으며 뚜렷한 목표의식이나 의지도 없는 편입니다. 세상사에 별로 관심을 갖지 않는 사람이지만 일반적인 사람들보다 사려분별력은 뛰어나고 많은 것을 생각하고 있는 사람입니다.
199	CBBAA	안일함을 버려야 성공할 수 있는 타입	타입은 사려분별 능력이나 인정, 타인에 대한 배려도 적당히 잘 하는 타입입니다. 그러나 다른 사람들에 비해 안일한 마음이 강한 편입니다. 약속시간을 잘 지키지 않아 신뢰를 잃는다거나 책임감이 다소 부족해 문제가 되는 경우가 있을 수 있습니다.
200	CBBAB	즐거움의 바다 속으로 빠져버리는 타입	인생을 즐겁게 사는 타입입니다. 호기심이 왕성하고 자유로운 영혼을 갖고 있는 타입으로, 재미있는 일이라면 무엇이든 찾아서 해보려고 합니다. 그러나 한번 빠지게 되면 스스로 통제가 쉽게 안 될 가능성이 큽니다.

번호	코드값	타입명	내용
201	CBBAC	자유로움을 추구하는 타입	타인의 일이나 문제에 관여하거나 간섭하지 않으려 하며 타인 또한 자신에게 필요 이상으로 관심을 보이거나 관여하지 않기를 바라는 타입입니다. 즉, '사람은 각자 살아가는 것이다'라고 생각하며 자유로움을 추구하는 타입입니다.
202	CBBBA	한발 뒤에서 묵묵히 안정감을 찾고자 하는 타입	주목을 받으며 앞에서 리드하는 것보다 팀이나 무리에 소속되어 눈에 띄지 않게 융화되는 것이 가장 편한 삶이라고 생각하는 타입입니다. 이 타입은 신체적, 정신적 안정감이 가장 중요하다고 생각하며 스스로 관리를 잘하는 사람입니다.
203	CBBBB	낮은 곳에서 멈추어 버릴 수 있는 타입	일상의 소소한 것에 만족감을 느끼며 '이 정도면 충분해'라는 생각으로 상대에게 큰 기대나 요구를 하지 않고 현재의 것에 가치를 두고자 하는 타입입니다. 또한 타인의 잘못에 비판적으로 반응하지 않고 크게 신경을 쓰지도 않습니다.
204	CBBBC	자칫 좁은 우물 안에서 안주할 수 있는 타입	이 타입은 때때로 주변 상황을 고려하지 않고 자기중심적으로 행동하기도 하지만 내심으로 너무 과하지 않고 적당히 즐거운 일만 있으면서 살아가길 원합니다. 의견대립이나 충돌하는 상황은 피하고자 하는 편입니다.
205	CBBCA	자신의 욕구와 자아를 감추고 있는 타입	타인의 의사를 수용해주고 상대가 원하는 것을 잘 들어주는 타입이지만 '난 부족한 사람이야'라고 스스로 나약한 사람이라는 한계를 만드는 강한 열등감이 있을 가능성이 큽니다. 또한 필요 이상으로 자신의 기분이나 마음을 억제하며 타인의 기분을 맞추려는 경향이 높습니다.
206	CBBCB	작은 만족만으로 납득하는 타입	상대가 원하는 것을 잘 들어주고 대부분 요구하는 대로 잘 따라주는 타입입니다. 그러나 주도적으로 무언가 하는 것을 원하지 않고 주목 받는 것을 불편해하며 조용히 수면 아래에 있기를 바랍니다.

번호	코드값	타입명	내용
207	CBBCC	잔잔한 생활방식 타입	활기 있고 무언가 기분을 내기 위해서 활동적으로 움직이는 것이 이 타입에게는 어려울 가능성이 큽니다. 자신을 향한 시선이나 관심을 원치 않으며 주위 사람들이 자신에 대한 존재감을 느끼지 않는 것이 이 타입에게는 편안할 수 있겠습니다.
208	CBCAA	내면이 순수한 아이 타입	아이의 천진함이나 순수함으로 살아가는 타입입니다. 일반적으로 사람들은 나이가 들어감에 따라 본인의 이익이나 실속을 위해 상황을 자신이 유리한 방향으로 전개시키려 하거나 자기편의를 위해 경계심을 갖게 마련이나 이 타입에게는 이런 면을 찾을 수가 없습니다.
209	CBCAB	어느 방향으로 갈지 종잡기 힘든 타입	자신이 하고 싶은 건 해야 직성이 풀리고 느끼는 대로 행동하고자 하는 욕구가 강합니다. 때론 자신의 욕구를 조절하지 못하고 과한 행동을 하는데, 자신은 누구나 그럴 수 있다고 생각할 수 있지만 주위 사람들에게는 이해받지 못할 수 있습니다.
210	CBCAC	자신을 과다 노출하고 많은 관심을 끌려는 타입	자신은 모든 것이 가치가 있다고 생각하며, 가지고 있는 능력보다 스스로 더 큰 가치를 부여하고 많은 사람들로부터 주목을 받고, 관심을 끌고자 합니다. 이에 자신을 과장하거나 포장하는 것이 점차 과해질 수 있습니다.
211	CBCBA	바람 부는 데로 흘러가는 타입	인생에 대한 계획이나 준비가 없이 매 순간 주어진 환경이나 결과에 적당히 맞추어 살아가는 생활방식을 가진 타입입니다. 주위 사람들의 기분이나 원하는 것을 잘 살피지만 자신의 삶에 대한 가치와 목표의식에는 신경을 쓰지 않는 편입니다.
212	CBCBB	뒤에서만 따라오고 있지만 밉지는 않은 타입	이 타입은 스스로 내세울 만한 것이 없다고 생각하고 위축되는 경우가 있으나 주위 사람들이 문제를 삼는다거나 주위로부터 미움을 받는 일은 없을 것입니다. 그러나 늘 적당한 선이면 그것으로 문제없다는 생활방식을 갖고 있습니다.

번호	코드값	타입명	내용
213	CBCBC	따뜻한 마음은 있으나 지혜는 미약한 타입	정(情)이 있어 상대의 입장에서 생각하며 헤아려주는 마음이 있고 또한 자신의 기분을 얼마 정도는 즐길 줄 아는 타입입니다. 하지만 실수가 많은 편이며, 타인을 배려하다가도 자신의 주관을 굽히지 않고 청개구리같이 행동하기도 합니다.
214	CBCCA	너무 쉽게 포기하는 타입	이 타입은 자신이 좋아하는 것이나 즐거운 것에는 관심이 없고 타인에게 무조건 맞추려고 하는 경향이 높습니다. 하지만 적절한 타이밍, 장소, 대상을 구분하지 못하고 필요 이상으로 상대에게 맞추어 버립니다.
215	CBCCB	눈에 보이는 세상에 만족하는 타입	인생에 대한 큰 욕심이 없는 편이고 보다 좋은 위치로 올라서기 위한 강한 포부와 열정이 희박합니다. 이 타입은 지금 순간의 심신이 편안하다고 느끼면 자신을 둘러싸고 있는 현실과 다가오는 미래가 어떻게 될지 관심이 없는 편이고 신경도 쓰지 않는 편입니다.
216	CBCCC	세상 속으로 들어가기 힘든 타입	의지가 강하지 못하여 스스로 결단을 잘 내리지 못하며, 이성적이고 현실적인 사고가 부족하여 합리적인 행동이나 결과가 되지 못하는 경우가 많습니다. 인간적이고 따뜻한 마음이 있지만 마음의 문을 열지 못한 채 닫고 있을 가능성이 높습니다.
217	CCAAA	자기중심으로 세상을 보는 어린아이 타입	이 타입은 마치 어린아이와 같이 호기심도 많고 자유분방하기도 하지만 이치를 명확히 파악하고자 하는 사고력을 갖추고 있습니다. 활동적이고 애정표현도 잘 하는 편이지만 상대를 너그럽게 이해주거나 배려해주는 마음이 많이 부족합니다.
218	CCAAB	독립적인 자아로 사는 생활 방식 타입	이 타입은 고요한 정적을 불편해하며 활동적인 환경에 편안함을 느끼는 타입입니다. 하지만 사회적 관계를 잘 맺으려는 마음이 크지 않고 관심을 기울이지도 않는 편이며 타인이 자신을 존중하지 않는다고 판단되면 다소 민감한 반응을 보이기도 합니다.

번호	코드값	타입명	내용
219	CCAAC	자신만의 세상에서 살고 있는 타입	일의 이치를 정확하게 파악하고 현실적이며 논리적인 면이 강한 타입입니다. 하지만 극히 주관적인 부분이 많습니다. 특히 이 타입은 자신을 둘러싼 주변 환경이나 사람들에게 관심을 갖거나 어울리고자 하는 의지가 없는 편입니다.
220	CCABA	멀리서 지켜보거나 도망가려는 타입	자신의 가치와 능력은 보려하지 않고 대부분 모든 일을 타인에게 위임하려는 타입입니다. 상황에 따라 높은 사고판단 능력을 갖고 있지만 이를 적절하게 활용하지 못하고 대부분 주위 사람이 모든 걸 해주기만을 기대하며 의지하려는 경향이 있습니다.
221	CCABB	자신이 원하는 대로만 살아가고자 하는 타입	굉장히 이성적이고 사려분별력이 강하지만 세상의 이치에 관심이 없고 일반적인 선을 벗어난 사고를 한다는 것이 이 타입의 특징일 수 있습니다. 사회적으로 요구하는 의무나 규칙에 맞는 행동은 무신경한 편입니다.
222	CCABC	사회와 멀어지고 홀로 남을 타입	사고력과 분별력은 충분히 있지만 주위 상황을 고려하지 않고 자신의 길만 생각하고 가고자 하는 타입입니다. 좋은 면이 될 수 있겠지만 복잡하고 힘든 사회 환경과 관계에서 자신을 보호하기 위해 그런 행동을 할 가능성이 높습니다.
223	CCACA	세상 밖에 불안정하게 서 있을 타입	현실적인 사고로 판단하고 자신의 기분을 즐길 줄 아는 것이 이 타입에게는 힘들 수 있겠습니다. 머리가 명석하고 세심한 면이 있지만 이를 자유로이 표출하지 못하고 이상이나 책임감이 부족하여 매사 안일한 자세로 지낼 가능성이 큽니다.
224	CCACB	스스로 어둠속에 들어가는 타입	이 타입은 주의 깊게 사고하고 명석하게 판단하는 능력이 일반적인 사람들보다 높은 편이지만 이를 행동으로 옮기는 실행력이 상당히 부족한 타입입니다. 중요한 것은 이 타입은 일반적인 사회관계 속에서 융화되기가 힘들 수 있다는 것입니다.

번호	코드값	타입명	내용
225	CCACC	생각의 물은 가득하나 흐리지 않고 고여만 있는 타입	이 타입의 강점은 논리적이고 합리적으로 사고한다는 것입니다. 전체를 관망하여 움직임의 변화를 명확히 파악하고 어떻게 하는 것이 나은 것인지 그 방향성도 지각하고 있습니다. 아쉬운 것은 이런 부분을 행동으로 실행하지 못한다는 것입니다.
226	CCBAA	유아적인 자아가 강한 타입	매사 스스로 하기보다는 항상 누군가에게 의지하려는 경향이 높은 편으로 자신을 이끌어주고 의지할 사람이 없으면 흘러가는 대로 자신을 내버려둘 수 있는 타입입니다. 가치판단과 세상을 바라보는 관점이 다소 어른스럽지 못하고 유아적인 편입니다.
227	CCBAB	주위를 둘러보지 않고 자신의 즐거움만을 찾는 타입	이 타입은 인생은 즐거워야 한다는 생각이 크며 일하는 것을 그리 좋아하지 않는 편입니다. 주변의 상황이나 여건이 어떻게 되었든 크게 개의치 않는 편이고 기본적인 의리와 인정 어린 마음은 미미하며 또한 그러한 부분에 그다지 관심이 없습니다.
228	CCBAC	자유로이 즐기며 쉽고 편하게 살고자 하는 타입	자유분방하고 기분대로 행동하는 면이 있어 주변 상황에 크게 구애받지 않고 자신이 하고 싶은 건 뭐든지 하는 타입입니다. 또 어떻게 해야 돈을 최대한 쉽고 편하게 벌어 마음껏 쓸 수 있을까 하는 생각이 가득합니다.
229	CCBBA	힘 있는 사람에게 의지하며 살아가고자 하는 타입	타인을 배려하고 상대의 입장에서 생각하려는 마음이 부족합니다. 이 타입에게 자신의 미래를 스스로 개척하고 책임감 있게 처신하는 일은 매우 어려우며 하고자 하는 의지도 별로 없다고 할 수 있습니다.
230	CCBBB	정도를 벗어나 자기 길로만 가고자 하는 타입	상대에게 피해를 주거나 심한 행동을 하지는 않지만 사회의 기본적인 도덕이나 규칙을 잘 지키려 하지 않고 자기 위주의 행동을 하는 타입입니다. 그러나 자신의 욕망을 강하게 드러내거나 나쁜 상황에 쉽게 빠져들어 무모한 행동은 하지 않습니다.

번호	코드값	타입명	내용
231	CCBBC	마음이 꼬여 있어 세상과 어긋난 자기 위주 타입	이 타입은 시야가 넓지 못하고 눈앞만 보는 경향이 있습니다. 자신의 뜻대로 하고자 하는 마음이 강하여 만약 타인이 민감한 반응을 보이면 아무도 감당하기 어려울 정도로 기분대로 행동을 하는 경향이 있습니다.
232	CCBCA	누군가가 항상 자신을 이끌어주기 바라는 타입	타인의 의향대로 움직이는 것이 편안한 타입입니다. 자신의 본능적 욕망은 억누르고 즐길 줄도 모르는 편으로 다소 소극적이며 밝지 못하고 어두운 성격일 가능성이 있습니다. 이 타입은 자신의 의지를 반영하고자 하는 경우는 거의 없습니다.
233	CCBCB	음지에 웅크리고 앉아 미동도 하지 않는 타입	이 타입은 무언가 하고 싶고 되고 싶다는 의욕이나 목적이 없는 편입니다. 또한 욕구나 욕망도 찾기 힘듭니다. 이 유형은 사회인으로서 의무와 책임감, 의리와 인정도 상당히 부족할 수 있습니다.
234	CCBCC	정상적인 사회생활이 힘들 수 있는 타입	이 타입은 어느 정도 사려분별력은 있지만 사회생활을 하기 위해서는 많은 부분에서 개선이 필요하겠습니다. 의지가 상당히 약하고 상대를 생각하는 마음이나 배려하는 마음도 많이 부족한 편으로 사람들과 가까이 지내는 것을 불편해합니다.
235 236 237	CCCAA CCCAB CCCAC	앞뒤 구분 못하고 뛰어드는 불나방 타입	이 타입은 사회에 적응하기 힘든 여러 가지 문제점을 안고 있습니다. 합리적인 사고능력이 떨어져 상황 판단력이 낮고 정의감, 사명감, 도덕성이 결여되어 있을 확률이 높습니다. 뿐만 아니라 사람을 배려하는 능력 또한 부족하여 자기 고집대로만 살아가려고 합니다.
238 239 240 241 242 243	CCCBA CCCBB CCCBC CCCCA CCCCB CCCCC	자신만의 세상조차 찾아보기 힘든 타입	사회활동이 힘든 타입입니다. 투명인간처럼 다른 사람들 사이에 있지만 존재가치 자체도 무시당하고 인정받지 못하는 경우가 많습니다. 이 타입의 사람은 정신적으로도 육체적으로도 매우 낮은 수준의 에너지밖에는 사용하지 않습니다.